Jo Salas, *Playback-Theater*

Umschlag unter Verwendung einer Zeichnung der Autorin.

Zweite, bearbeitete und ergänzte Auflage 2009
Die Übersetzung folgt der zweiten, bearbeiteten Ausgabe von
1996, die unter dem Titel IMPROVISING REAL LIFE. PERSONAL
STORY IN PLAYBACK THEATRE bei Kendall/Hunt Publishing
Company erschien.
© by Jo Salas 1993 und 1996
© für die deutsche Ausgabe by Alexander Verlag Berlin 1998,
Alexander Wewerka, Fredericiastr. 8, 14050 Berlin
www.alexander-verlag.com
info@alexander-verlag.com
Druck und Bindung SDL Berlin
Alle Rechte vorbehalten
Printed in Germany (July) 2009
ISBN 978-3-89581-216-3

Jo Salas

PLAYBACK-THEATER

Deutsch von Christiane Landgrebe
Bearbeitet von Petra Schreyer und Ingrid Wewerka

Alexander Verlag Berlin

Für Michael Clemente, Playback-Schauspieler

*

Mir fehlen die Worte dafür,
wieviel wir ihm verdanken und wie sehr wir ihn vermissen.

»Das Herzstück des kreativen Prozesses und des Erzählens ist die Bedeutung. Sie ist das Ziel und das Kennzeichen des Erzählens. Wenn wir unsere eigene Lebensgeschichte erzählen oder eine Geschichte aus unserem Leben, werden wir uns bewußt, daß wir nicht die Opfer willkürlicher und chaotischer Umstände sind, daß trotz unseres Leids oder unseres Gefühls der Unscheinbarkeit auch unser Leben sinnvoll ist in einem sinnvollen Universum. Und die Antwort auf unsere eigene Geschichte und auf die Geschichten von anderen ist: ›Ja. Ja, ich habe eine Geschichte. Ja, ich existiere.‹«

Deena Metzger, WRITING FOR YOUR LIFE

INHALT

DANKSAGUNG

Zunächst möchte ich all jenen danken, die die Geschichten erzählten, die ich hier wiedererzählt habe, und all jenen, die mitfühlend und phantasievoll Geschichten anhörten und darstellten.

Ich habe in diesem Buch vor allem die Arbeit von drei Gruppen beschrieben, denen ich herzlich danken möchte: dem ersten Playback-Theater überhaupt, dem Hudson-River Playback Theatre und dem Community Playback Theatre. Die Mitglieder dieser Gruppen gehören zu meiner örtlichen Playback-Gemeinschaft. Während der Arbeit an diesem Buch haben sie mich direkt und indirekt unterstützt. Ich danke auch den Gruppen und Regisseuren, deren Arbeit ich in den letzten Kapiteln genauer betrachtet habe: Heather Robb und das Playback Théâtre France; Bev Hosking und dem Wellington Playback Theatre; Armand Volkas und dem Living Arts Theatre Lab.

Ich danke meinen Schwiegereltern Melvin Fox und Patricia Lowe, die mich mit ihrer Begeisterung und ihrem Rat ermutigt haben. Meine Töchter Hannah und Madeline Fox haben mich angespornt – worüber ich mich besonders gefreut habe, da es für sie oft anstrengend, um nicht zu sagen störend war, als Kinder von Playback-Pionieren aufzuwachsen.

Meinem Mann, Jonathan Fox, verdanke ich mehr, als ich sagen kann: seine Liebe und Kameradschaft, seine Hinweise, Informationen und seine vielfache Hilfe und die Vision des Playback-Theaters.

Jo Salas, 1996

Herzlichsten Dank auch an Janet Salas und Peter Pfundt, Gründer der Bühnenkiste/Playback-Theater Südwest, für ihre Initiative und Unterstützung, dieses Buch für deutsche Leser wieder verfügbar zu machen und für ihre Arbeit, den Text für die neue Auflage aufzubereiten und durch einen Index zu ergänzen.

Jo Salas, 2009

VORWORT ZUR 2. AMERIKANISCHEN AUFLAGE

Seit IMPROVISING REAL LIFE zum erstenmal erschien, blüht das Playback-Theater und weitet sich immer mehr aus: Mehr Menschen denn je haben als Darsteller, Erzähler, Leiter und Trainer mit Playback-Theater zu tun. Der Rahmen der gesellschaftlichen Institutionen und geographischen Örtlichkeiten, an denen Playback-Theater stattfindet, wird immer größer.

Playback ist in bemerkenswertem Maß zu einem Mittel sozialer Veränderung geworden, weil es an Orten präsent ist, wo Menschen das eindringlichste Bedürfnis danach haben, einander zuzuhören. Wir erleben, wie die Vision von vor zwanzig Jahren wahr wird, die Vision von einem Theater, das unserer heutigen Gesellschaft etwas von der integrativen sozialen Funktion des Geschichtenerzählens und ästhetischer Rituale früherer Zeit wiedergibt.

Das Verlangen danach ist groß. Zum Ausgang des Jahrhunderts quält uns das allgemein vorherrschende Scheitern menschlicher Beziehungen. Ermutigend ist es, Playback mit Bergarbeitern und Aborigines in Westaustralien zu erleben; zu hören, daß Playback auf dem NGO-Forum der 4. Frauenkonferenz der Vereinten Nationen in Peking stattfand, daß Playback in Israel veranstaltet wird mit Emigranten aus dem Mittleren Osten, die versuchen, ihren Platz in ihrer neuen Heimat zu finden, daß Playback mit Bandenmitgliedern in den Städten der USA erprobt wird.

Inzwischen entwickelt sich das Playback als Theaterform weiter. Neue Bühnenpraktiken bildeten sich aus den alten. Die Arbeit mit dem Chorus wurde ein wichtiges, häufig angewendetes Element sowohl in den USA und Europa als auch in Australien und in Neuseeland, wo sie ihren Ursprung hatte. Viele Gruppen experimentieren in der Umsetzung und streben eine möglichst gleichmäßig verteilte Verantwortung für die Geschichte an.

Die wachsende Verbreitung von Playback hat aber zwei Seiten. Als Gemeinschaft müssen wir unsere Kunst einerseits vor Zwängen, sie zu regulieren und zu formalisieren, bewahren, andererseits vor Entstellung durch Kommerzialisierung oder Routine. So gefestigt Playback ist, ist es doch verwundbar. Sein wesentliches Merkmal liegt im Widerstreit mit vielen Aspekten der kulturellen Umwelt, wie sie die meisten von uns erfahren. Der Erfolg bringt die Wahrscheinlichkeit mit sich, daß die eigentlichen Werte des Playback nicht immer geachtet werden.

Glücklicherweise ist die mündliche Überlieferung, die das Playback um die ganze Welt getragen hat, sein wirksamster Schutz. Die meisten Menschen, die sich vom Playback angezogen fühlen, wissen und schätzen, was daran so einzigartig ist: das Ineinanderfließen von Kunst, Freiheit der Form, Authentizität und gesellschaftlichem Idealismus. Auch die Möglichkeit, es zu erlernen, spielt eine Rolle. Viele von uns, die Playback seit langem lieben, sind jetzt Lehrer und geben ihre Erfahrungen an jeden weiter, der wissen will, was es damit wirklich auf sich hat.

Es gibt natürlich bei manchen Arbeitsweisen, die ich in der ersten Auflage beschrieben habe, einige Veränderungen. In Kapitel 10 habe ich über die Schwierigkeit der Japaner berichtet, Playback-Gruppen einzurichten, und daß sie meist individuell arbeiteten. Inzwischen, 1995, existieren dort verschiedene aktive Gruppen. Jene Teams, die ich in Kapitel 10 der ersten Auflage vorstellte, gibt es immer noch; die Fragen und Aufgaben, mit denen sie sich beschäftigen, haben sich allerdings in den vergangenen drei Jahren leicht verschoben.

Der Status der Gründergruppe in den USA, wie ich ihn im ersten Kapitel beschrieb, hat sich geändert. Nach unserem »Rückzug« 1986 traten wir weiterhin mehrmals im Jahr zusammen auf.

Mit der Zeit bot sich diese Gelegenheit immer seltener, und 1993 begriffen wir, daß mit dem Tod unseres Schauspielers Michael Clemente unsere Zeit als Gruppe endgültig vorbei war.

Das Playback-Theater in unserer Gegend lebt und gedeiht. Es wird fortgeführt durch die School of Playback Theatre und zwei Truppen, das Community Playback Theatre und das Hudson River Playback Theatre, die alle von Mitgliedern der ersten Gruppe geleitet werden (Jonathan Fox, Judy Swallow und mir).

Ich hoffe, daß diese zweite Auflage, die auch erklärende Photos und ein Verzeichnis der wichtigsten Begriffe enthält, weiterhin als Einführung für Anfänger und für erfahrenere Leser als Prüfstein für die Prinzipien und Praktiken des Playback gelten kann.

Wie immer bin ich empfänglich für Ihre Kommentare und Geschichten.

Jo Salas
New Paltz, New York
Dezember 1995

VORWORT ZUR DEUTSCHEN NEUAUFLAGE

Seit der ersten Auflage im Jahre 1993 wurde PLAYBACK THEATRE in sieben Sprachen übersetzt. Daß es sechszehn Jahre später noch gelesen und als Grundlage für die Praxis des Playback-Theaters (PT) genutzt wird, zeigt seine Bedeutung für die weltweite Playback-Theater-Szene. Diese deutsche Neuauflage (mit wenigen Änderungen gegenüber der deutschen Originalausgabe von 1998) erfüllt einen Wunsch der deutschsprachigen »Playbäcker«, die das hier vermittelte Wissen und die Erfahrung von Jo Salas sehr schätzen. Das Buch führt sowohl umfassend in das Playback-Theater (PT) ein und stellt zudem dar, warum und wie sich PT entwickelte. Hier finden »Playbäcker« Anregungen für ihre Praxis: einerseits ist das Buch eine Informationsquelle und Starthilfe für Anfänger, andererseits können Fortgeschrittene es als Leitfaden nutzen für die Reflexion der eigenen Praxis und die Fragen des »Warum« und »Wie« im PT.

Die überarbeitete, zweite deutsche Ausgabe enthält jetzt auch einen Index.

Jo Salas ist weltweit eine der angesehensten und erfahrensten PT-Trainerinnen. Sie hat in den letzten Jahrzehnten regelmäßig im deutschsprachigen Raum (Deutschland, Österreich, Schweiz) unterrichtet und über die Jahre kontinuierlich zur Verbreitung sowie zur Weiterentwicklung des PT beigetragen, zuerst als Mitglied der »Ur-Gruppe« und seit 1990 als Leiterin des Hudson River Playback Theatre. In der fortwährenden Auseinandersetzung mit den Themen der Gemeinschaft und des sozialen Wandels sind ihre Erkenntnisse immer aus praktischer Erfahrung hergeleitet, sowohl aus dem Alltagsleben der Truppe, als auch aus dem Training mit Lernenden oder professionellen Anwendern und auch aus der Begegnung mit unterschiedlichsten Publikumsgruppen.

Aus ihrer Art der Reflexion, des Nachfragens und des Austausches entwickelt sie eine umfassende und vielschichtige Sichtweise, die sie in diesem Buch weitergibt.

Vor allem steht sie für die grundlegenden Prinzipien des PT: den tiefen Respekt vor Anderen, die heilende Notwendigkeit, Geschichten miteinander zu teilen, die Suche nach einer einfühlenden und ästhetischen Antwort, die alle Anwesenden erreicht und betrifft.

In der deutschsprachigen Region wächst das Playback-Theater weiter und hat auf verschiedene Weisen Fuß gefaßt: vom professionellen Einsatz in Organisationen über Universitätskurse, Angebote in Schulen und anderen Einrichtungen bis hin zu kleinen Gruppen, die in ihren Ortschaften oder Stadtteilen verankert sind.

Auch die Vernetzung der PT-Interessierten ist stärker geworden: jedes Jahr im November wird eine Tagung in einer anderen Stadt durchgeführt, und inzwischen gibt es auch einen gemeinnützigen Verein, der neben anderen Zielen auch die Aus- und Weiterbildung im PT organisiert und trägt.

Im Mai 2008 hat die Gesamthochschule Kassel ihren früheren Gastdozenten Jonathan Fox, den Gründer des Playback-Theaters, in den Rang eines Ehrendoktors erhoben.

Mit dieser Auszeichnung an Jonathan Fox wurde auch das Engagement derjenigen geehrt, die das PT weiterverbreiten. Vor allen anderen wurde Jo Salas gewürdigt, deren Wirken für das Wachstum und die Weiterentwicklung von PT grundlegend war und ist.

Für den Playback-Theater-Netzwerk e.V.

Janet Salas (Vorstandsmitglied), Peter Pfundt (Mitglied)
Juli 2009

EINFÜHRUNG

Dieses Buch beschreibt eine Form der Improvisation. Sie beruht auf Geschichten von mehr oder weniger alltäglichen Ereignissen, die bei einer Vorstellung erzählt werden – Träume, Erinnerungen, Phantasien, Tragödien und Farcen: Momentaufnahmen aus dem Leben wirklicher Menschen. Diese Improvisation ist leicht zugänglich und macht Spaß, birgt aber Differenziertheit und tieferen, subtileren Sinn. Sie findet in Theatern statt, aber auch außerhalb – tatsächlich funktioniert sie in jeder Umgebung, gerade weil sie sich von ihrem Selbstverständnis her den Bedürfnissen und Anliegen aller Anwesenden öffnet. Ob von routinierten Schauspielern oder unbeholfenen Anfängern praktiziert, das Playback-Theater würdigt die Erfahrung einzelner und die Beziehungen zwischen Menschen – ihre kollektive Erfahrung – durch ihre Geschichten.

Menschen, die sich vom Playback angezogen fühlen, stellen bald fest, daß die Sache selbst sich lohnt – weil es Spaß macht, weil es befriedigend ist, eine Geschichte zum Leben zu erwecken und zu wissen, daß man einem Fremden oder vielleicht einem Freund ein erinnerungswertes Geschenk gemacht hat. Andere Arten von Belohnung – Geld, Anerkennung, Prestige – sind bei einer Sache, die wie das Playback-Theater sich jeglicher Kategorisierung entzieht, nicht so leicht zu erlangen. Es ist zugleich künstlerisch, von heilender und gemeinschaftsbildender Kraft. Vielleicht ist es eine Synthese dieser Funktionen, die unserer Kultur Hunderte von Jahren fremd war.

Ich habe dieses Buch vor allem als Hilfsquelle für die vielen geschrieben, die Playback-Theater praktizieren, und für die, die gern mehr darüber erfahren möchten. Als jemand, der Menschen, Neulingen und Erfahrenen, Playback-Theater vermittelt, weiß ich, daß es eigentlich nicht aus Büchern zu erlernen ist. Was ich, wie ich hoffe, bieten kann, ist eine Ergänzung zur praktischen Ausbildung, einen hilfreichen und informativen Begleiter.

Kapitel 1 berichtet von den Anfängen des Playback-Theaters, wann, wo und wie es entstanden ist – und über den Weg, den die erste Playback-Theater-Gruppe ging. Kapitel 2 spricht über das Gespür für Geschichten, die ästhetische und psychologische Grundlage der Arbeit. Kapitel 3 beschreibt die verschiedenen Reaktionsformen auf die Geschichte eines Zuschauers. Kapitel 4 handelt von den Zielen, den Aufgaben und der Freude an Playback-Aufführungen. In Kapitel 5 untersuchen wir die komplexe Aufgabe des Aufführungsleiters. Kapitel 6 beschäftigt sich mit der Rolle der Musik im Playback-Theater, mit der Frage, wie dieser integrale Bestandteil dazu beitragen kann, Szenen zu formen und die Schauspieler zu unterstützen. Kapitel 7 untersucht Präsentation und Ritual, ein Rahmen von grundlegender Bedeutung in einem Theater, dessen Inhalt immer neu und unerwartet ist. Kapitel 8 rückt die heilenden Aspekte des Playback-Theaters in einem therapeutischen Umfeld wie auch in einem allgemeineren Kontext in den Mittelpunkt. In Kapitel 9 sehen wir, wie Playback in verschiedenen Nischen der Gesellschaft Platz findet. In Kapitel 10 untersuchen wir, wie Playback in den verschiedenen Ländern sich wandelt oder wie es unverändert bleibt.

Was ich über Playback weiß und sage, ist meinem ganz persönlichen Blickwinkel unterworfen, der nicht unbedingt mit dem anderer übereinstimmt. Der Hinweis darauf ist deshalb wichtig, weil von einer Arbeit die Rede ist, bei der es vor allem um subjektive Erfahrung und deren Würdigung geht. Seit 1975 ist das Playback-Theater Teil meines Lebens. Ich war an der Gründung der ersten Gruppe beteiligt und habe als Lehrerin, Gastdarstellerin, Freundin und Mitstreiterin viele Gruppen und auch Einzelpersonen kennengelernt, die seitdem mit Playback-Theater zu tun haben. Ich bin mir darüber im klaren, daß die Arbeit sich geändert und sich jeweils anderen Situationen angepaßt hat und mein Weg, unser Weg des Playback-Theaters, nicht der einzig richtige ist. Dieses Buch stellt keine orthodoxe Lehre auf. Playback ist viel zu dynamisch und zu sprunghaft, als daß irgendwer es festhalten und zwischen zwei Buchdeckel sperren könnte. Dennoch glaube ich, daß es nützlich ist, das Playback-Theater in seiner mehr oder weniger ursprünglichen Form zu beschreiben, als Bezugspunkt für diejenigen, die sich selbst auf Erkundungstour begeben. Es gibt bestimmte grundlegende Werte und Praktiken, die bei allem Wandel gleich bleiben und wodurch die Arbeit nicht irgend etwas, sondern Playback wird. Diese Eigenschaften werden, wie ich hoffe, auf den folgenden Seiten deutlich werden.

Die Geschichten, die das Buch anschaulich machen, beruhen auf wahren Begebenheiten, die bei Aufführungen, in Workshops und bei Übungen erzählt wurden; manche wurden entsprechend der Absicht der Kapitel, in denen sie vorkommen, leicht verändert. Ich habe die Namen derer, die sie erzählt haben, und die der Spieler und Leiter aus Gründen der Diskretion verändert. Außer dem Namen von Jonathan Fox sind die einzigen von mir verwendeten echten Namen die der Gruppenleiter, deren Vor- und Nachnamen in den Kapiteln 5, 8 und 10 vorkommen.

1. DIE ANFÄNGE

»Wer erzählt die nächste Geschichte?«

Der Mann, der diese Frage stellt, ist der Leiter einer Playback-Theater-Aufführung. Auf der niedrigen Bühne hinter ihm sitzen fünf Schauspieler, zwei Frauen und drei Männer, in dunklen Hosen und Oberteilen auf Holzkisten und hören aufmerksam zu. Einer von ihnen hat gerade eine Seemöwe dargestellt, ein anderer einen Polizisten aus New York City.

Jetzt aber stehen sie bis zur nächsten Szene als sie selbst auf der Bühne. An einer Seite sitzt ein Musiker, von allen möglichen Instrumenten umgeben.

Zwei Leute aus dem Publikum heben die Hand. Der Leiter zeigt auf einen von ihnen.

»Sie habe ich zuerst gesehen«, sagt er und lächelt dem anderen bedauernd zu. Ein junger Mann kommt auf die Bühne und setzt sich neben den Leiter.

»Hi«, sagt der Leiter, »Sie heißen?«

»Gary«, sagt der junge Mann, ein Kerl mit intelligenten und humorvollen Augen.

»Ich begrüße Sie auf dem Erzählerstuhl, Gary. Wo spielt Ihre Geschichte?«

»An zwei Orten. Ich arbeite beim Gaswerk, ich lege Gräben an. Aber alle drei Wochen verbringe ich ein Wochenende am St. Catherine's College in der Stadt. Ich will meinen Bachelor machen. Ich nehme an einem Kurs für Leute teil, die ihren Unterhalt verdienen müssen und keine Zeit für ein richtiges Studium haben. Wir lernen den ganzen Stoff am Wochenende und haben eine Menge Hausaufgaben.«

»Suchen Sie sich einen Schauspieler aus, der Sie spielen soll!«

Gary sieht die Schauspieler aufmerksam an, dann zeigt er auf einen. »Entschuldigung, ich weiß Ihren Namen nicht mehr. Könnten Sie ich sein?« Der Schauspieler nickt und steht auf.

»Wer ist in Ihrer Geschichte noch wichtig?«

»Also, die Geschichte handelt von einer Frau, die auch in meinem Kurs ist und Eugenia heißt. Ich glaube, sie hat großen Einfluß auf mich. Sie ist so voller Leben, dabei hat sie mit viel härteren Problemen zu kämpfen als ich. Sie kommt aus Jamaika und muß sich erst an unsere Kultur gewöhnen. Außerdem hat sie ein kleines Kind. Aber immer ist sie voller Energie und Begeisterung. Und intelligent ist sie auch. Allein mit ihr zu reden bereitet mir Vergnügen.«

Gary sucht sich jemanden aus, der Eugenia darstellen soll. Dann folgen noch einige Fragen und Antworten. Schließlich sagt der Leiter: »Schauen Sie mal.«

Das Licht wird heruntergedreht. Musik erklingt. Im Halbdunkel stellen die Schauspieler schweigend Kisten auf. Manche kostümieren sich mit Stofftüchern. Die Musik bricht ab, und das Licht wird wieder hochgedreht. Die Szene entfaltet sich. Es ist die Geschichte des Erzählers, kunstvoll gestaltet mit Bewegung, Dialog und Musik. Die Schauspieler bringen Garys Energie, Begeisterung und Mut zum Ausdruck, mit denen er gemeinsam mit Eugenia sein Studium betreibt. Die Szene würdigt die Tatsache, daß er sich ein Leben vorstellen kann, das über das Anlegen von Gräben hinausgeht.

Gary sitzt auf der Bühne neben dem Leiter und beobachtet, wie seine Geschichte mit Leben erfüllt wird. Die Empfindungen, die sich auf seinem Gesicht abzeichnen, gehören für das Publikum zum Geschehen. Die Szene kommt zum Ende. Die Schauspieler wenden sich dem Erzähler zu, diese Geste verwandelt das, was sie gerade aufgeführt haben, in ein Geschenk an ihn.

Der Leiter bittet Gary um ein Urteil. »Ist es so?« Er nickt. »Ja, ziemlich genau.«

»Danke für die Geschichte, Gary. Und viel Glück.«

Gary geht lächelnd an seinen Platz zurück. Ein anderer Erzähler kommt auf die Bühne, dann der nächste. Geschichten reihen sich wie

Perlen auf eine Schnur. Ein unsichtbarer, aber beweglicher Faden hält sie zusammen.

Playback-Theater stellt eine Urform des Improvisationstheaters dar, bei der Leute wahre Begebenheiten aus ihrem Leben erzählen und dann zusehen, wie sie aus dem Stegreif gespielt werden. Oft findet Playback-Theater im Rahmen eines Aufführungsabends statt mit einer Gruppe von erfahrenen Schauspielern, die die Geschichten von Zuschauern darstellen; oder eine Gruppe trifft sich privat, und die Teilnehmer stellen gegenseitig ihre Geschichten dar. Der Ablauf ist klar vorgezeichnet, doch es gibt vielerlei Variationen. Jede Geschichte aus dem Leben kann im Playback-Theater erzählt werden, ob sie prosaisch oder metaphysisch, heiter oder tragisch ist – manche Geschichten können dies alles gleichzeitig sein. Es funktioniert, ganz gleich, über welches Können die Schauspieler verfügen. Notwendig sind vor allem Respekt vor dem anderen, Einfühlungsvermögen und Freude am Spiel. Das Playback läßt den Schauspielern aber auch genügend Raum für Differenziertheit und künstlerisches Können, vor allem bei den Aufführungen.

Der Name »Playback-Theater« bezieht sich sowohl auf die Form selbst, als auch auf die Gruppen und ihre Arbeit. Es gibt inzwischen überall auf der Welt eine große Zahl Playback-Gruppen, und wenn sie sich Playback-Theater nennen (nicht alle nennen sich so), dann fügen sie noch einen Namen hinzu, der sie von anderen Gruppen unterscheidet – im allgemeinen wählen sie den Namen ihrer Stadt oder Region. So gibt es das Sydney Playback Theatre, das London Playback Theatre, das Playback Theatre Northwest und so weiter.

Die Grundidee des Playback-Theaters ist sehr einfach, und doch ist es sehr komplex und tiefgründig. Wenn Leute zusammengeführt und aufgefordert werden, persönliche Erlebnisse zu erzählen, die dann gespielt werden sollen, werden zahlreiche Inhalte und Werte weitergegeben, von denen viele auf radikale Weise mit den vorherrschenden Inhalten unserer Kultur im Widerstreit liegen. Dazu gehört die Vorstellung, daß sie selbst und ihre eigene Erfahrung dieser Art von Aufmerksamkeit *wert* sind. Wir sagen, daß ihr Leben ein Thema für die Kunst ist, daß andere ihre Geschichte interessant finden, von ihr lernen, von ihr berührt werden können. Wir sagen, daß wir, um Ideen und Anregungen zu finden, die Sinn in unser Leben bringen, mehr auf uns selbst blicken als auf die Ikonen Hollywoods oder des Broadway. Wir sagen auch, sich wirkungsvoll künstlerisch auszudrücken ist nicht alleiniges Privileg professioneller Darsteller. Wir alle, auch Sie und ich, sind fähig, in uns oder außerhalb von uns etwas zu entdecken, um daraus etwas zu schaffen, das andere im Innersten berührt. Wir sagen, daß die *Geschichte* selbst von allergrößter Bedeutung ist, daß wir Geschichten brauchen, um unserem Leben Sinn zu geben, daß unser Leben voller Geschichten ist, wenn wir lernen, sie zu erkennen. Wir sagen, daß mehr – und weniger – zum Theater gehört als die großen Stücke unseres kulturellen Erbes, daß es vor der und parallel zur literarischen Theatertradition immer ein Theater gegeben hat, das unmittelbarer, persönlicher, bescheidener, zugänglicher ist, und daß dieses Theater entsteht aus dem unsterblichen Bedürfnis nach Verbundenheit durch ästhetische Rituale.[1]

Playback-Theater ist mit alten, nichttechnologischen Theatertraditionen verbunden, aber es ist auch etwas Neues. Es ist ein Produkt unserer Zeit, entstanden aus den zeitgenössischen Strömungen und bemüht, Bedürfnissen unserer Zeit gerecht zu werden. Woher kommt das Playback-Theater?

Playback-Theater begann als eine Vision von Jonathan Fox, und jetzt erzähle ich Ihnen auch einen Teil meiner eigenen Geschichte, weil ich als Jonathans Frau und Kollegin an der Geburt des Playback-Theaters beteiligt war.

1974 lebten wir in New London, Connecticut, einer kleinen Küstenstadt inmitten von unschönen Industrieanlagen. Jonathan arbeitete als Schriftsteller und Teilzeitlehrer für Englisch am College. Wir hatten Freunde, deren Kinder eine kleine fortschrittliche Schule besuchten. Sie baten Jonathan, ihnen beim Schreiben eines Theaterstücks zu helfen, das sie für die Kinder aufführen wollten. Obwohl er aktiv mit Theater nichts zu tun hatte, kannten alle Jonathans theatralische, clowneske Art, seine Freude am Spektakel und wußten, wie unterhaltsam er sein konnte, ohne dabei den Respekt vor anderen zu verlieren.

Seit seiner Kindheit hatte sich Jonathan fürs Theater interessiert. Dann aber hatten ihn das Konkurrenzdenken und der Narzißmus, die vom Mainstream-Theater nicht zu trennen sind, abgeschreckt. Er fand seine Vorbilder statt dessen in den Werten und der Ästhetik uralter Erzähltraditionen, im alternativen Theater und in der wichtigen, befreienden Funktion des Rituals und des Geschichtenerzählens in den vorindustriellen Dörfern des ländlichen Nepal, wo er als Freiwilliger des Peace Corps zwei Jahre verbrachte. Dort entdeckte er Parallelen zur abendländischen Tradition mittelalterlicher Mysterien- und Mirakelspiele, mit denen er sich in Harvard beschäftigt hatte. Diese Stücke waren unzeremoniell, sie folgten dem Zyklus der Jahreszeiten und Feiertage, waren vertraut und ungeniert amateurhaft.

Als das Theaterprojekt mit den Eltern in New London vorbei war, wollten alle weiterhin zusammenarbeiten. Ich wurde als Musikerin eingeladen. Ich freute mich, hatte aber zugleich Bedenken. Zwar hatte ich mein Leben lang Musik gemacht, konnte aber nicht improvisieren, wußte nicht, wie ich ohne Noten spielen sollte. Es war der Anfang eines langen Prozesses des Verlernens und Neulernens, einer Suche nach Sicherheit und meiner längst verlorengegangenen Spontaneität in der Musik.

Wir nannten uns »It's All Grace«. Wir spielten an Stränden, auf dem Rasen einer Behinderteneinrichtung, in der Krypta einer Kirche. Unsere Aufführungen entwickelten wir über Improvisationen, sie waren thematisch anspruchsvoll, ritualisiert und voller Energie und besaßen ein gewisses Maß an Anarchie. Es war in vieler Hinsicht anregend und lohnend. Aber Jonathan setzte seine Suche fort.

Einmal kam er bei einer Tasse Kakao auf diese Idee: Improvisationstheater, das allein auf Erlebnissen beruhte, die Leute aus dem Publikum erzählten und die auf der Stelle von einer Gruppe Schauspieler dargestellt wurden.

Einige Mitglieder von »It's All Grace« waren begeistert von dieser neuen Richtung. Gemeinsam probierten wir aus, was es bedeutete, mit unseren eigenen Geschichten Theater zu machen, mit keiner anderen Vorbereitung als dem, was uns unsere Spontaneität im jeweiligen Augenblick eingab. Wir gaben eine Vorstellung. Unausgereift, wie sie war, die Sache funktionierte.

Im August 1975 zogen Jonathan und ich von New London nach dem drei Stunden entfernten New Paltz im Norden des Staates New York. Es war ein schwerer Abschied. Man hatte Jonathan angeboten, seine Psychodrama-Ausbildung am Moreno Institute in Beacon, N. Y., fortzusetzen. Er hoffte, hier den Mut und die Weisheit zu finden, sich jeglicher Geschichte aus dem Publikum offen zu stellen, so heikel und schmerzlich sie auch sei.

Im November desselben Jahres stieß eine Gruppe von Leuten zu uns, die gemeinsam mit uns das neue Theater erkunden wollte. Die meisten von ihnen kamen vom Psychodrama her, und sie reizte die Intimität und Intensität, die beim Spielen wahrer Geschichten entstehen. Einige von ihnen hatten bereits an konventionellen Theatern gespielt, andere nicht. Im ganzen boten sie ein breites Spektrum an Lebenserfahrung. Je weiter die Arbeit fortschritt, desto mehr erkannten wir, wie wichtig diese Mischung von Menschen unterschiedlicher Persönlichkeit ist, Menschen jeglichen Alters, aus allen sozialen Schichten, deren Lebensweg, kultureller Hintergrund und Theatererfahrung ganz verschieden sind. Wie beim Mysterienspiel war die Mitwirkung von Laien ein Gewinn.

Zerka Moreno, die Witwe des Begründers des Psychodramas J. L. Moreno, weltweite Leiterin der Psychodrama-Bewegung, war fasziniert von unseren Ideen und Zielen und so großzügig, im ersten Jahr die Miete für unsere Probebühne zu zahlen. Bereits in diesem frühen Stadium erkannte sie die Affinität zwischen unserer Arbeit und Morenos inspirativem Stegreiftheater, auf dessen Grundlagen er das klassische Psychodrama entwickelt hatte.

Eines Abends saßen wir am wachstuchgedeckten Eßtisch des Moreno Institutes, tranken Tee und dachten über einen Titel für unser gemeinsames Abenteuer nach. Alle möglichen Namen wurden vorgeschlagen, manche anregend, andere hochtrabend, manche unscharf, wieder andere geistreich. Wir nahmen nur wenige in die engere Wahl und spielten nach echter Psychodrama-Art über Rollentausch die Sache durch. Wie ist dir zumute, Name, wenn du für das stehen sollst, was wir tun? Eine Bezeichnung erwies sich schließlich als die richtige: Playback-Theater[2].

In den ersten fünf Jahren herrschten beim Playback-Theater große Aufregung und Verwirrung. Oft hatten wir das Gefühl, daß wir im Dunkeln tappten, nur von dem Schimmer einer Vision geleitet. Wir stießen auf Dinge, die funktionierten, die Arbeit voranbrachten und die dann Teil unserer Form wurden. Wir lernten, intensiv zuzuhören und den Mut aufzubringen, zu spielen, obwohl wir nicht sicher waren, ob es »richtig« war. Wir machten die Erfahrung, wie wichtig ein ritueller Rahmen ist, in dem wir unsere kurzlebigen Geschichten weben konnten, eine Einfassung vertrauter, fester Elemente wie etwa die Abfolge beim Spielen einer Geschichte und der Aufbau der Bühne. Wir arbeiteten intensiv an unseren Beziehungen untereinander, weil wir wußten, daß unser Theater von unserer intuitiven Zusammenarbeit abhing. Einige der ersten Mitglieder trennten sich von der Gruppe, die übrigen sind bis heute geblieben. Im Lauf der Jahre kamen neue hinzu, mit Hilfe von Vorsprechen, das wir so menschlich und angenehm wie möglich zu gestalten suchten.

Unsere ersten Aufführungen waren nichts anderes als öffentliche Proben. Wir waren uns unserer mangelnden Perfektion bewußt und forderten Leute auf, mit uns auf Entdeckungsreisen zu gehen, mit uns unsere Aufwärmphase zu gestalten und einander Geschichten zu erzählen. Nach und nach fühlten wir uns in der Lage, unsere Aufführungen formgerechter zu präsentieren: Nun gab es Eintrittskarten, Publikum und ein Team, das sich auch wie ein Team auf der anderen Seite der Rampe fühlte. Doch wir errichteten nie die vierte Wand. Während des Spiels kamen Zuschauer auf die Bühne, und die Schauspieler nahmen zwischen den Improvisationen ihre eigene Identität an.

1977 verließen wir den Saal der Kirchengemeinde von Beacon, gaben die schützende Nähe zum Moreno Institute auf und gingen nach Poughkeepsie, wo das Mid-Hudson Arts and Science Center für die nächsten neun Jahre unser Zuhause wurde. Wir gründeten eine Vorstellungsreihe, jeweils am ersten Freitag im Monat. Alle vier Wochen sahen wir neue Gesichter, und alle vier Wochen sahen wir auch Leute, die vertrauensvoll in unser Theater kamen, hier Nachbarn werden und nicht Fremde bleiben (»theatre of neighbours, not strangers«), wie Jonathan es in seiner Einführung oft nannte. Auch wenn manche der Zuschauer als Fremde kamen, schuf das Geschichtenerzählen ein Gefühl des gemeinsamen Menschseins. Sie konnten beobachten, wie die Geschichte eines Zuschauers auf der Bühne lebendig wurde, und sich vorstellen: »Das könnte ich sein.«

Manche Zuschauer, die sahen, was geschah, wenn Leute aufgefordert wurden, ihre Geschichte in diesem so behutsamen, respektvollen und künstlerischen Rahmen zu erzählen, baten uns, zu ihnen an ihren Arbeitsplatz zu kommen und dort Playback-Theater zu veranstalten. Wir fingen an, in der Gemeinde aufzutreten. So besuchten wir eine Station in einem Kinderkrankenhaus, wo die kleinen Patienten, von denen manche in ihren Betten hereingerollt wurden, von ihren Operationen, Unfällen oder Gefühlen sprachen. Wir traten auf einem Festival am Fluß auf und begannen unseren Auftritt, indem wir einen Abhang hinunterkletterten und dabei auf Schlaginstrumenten spielten. Bei einer Konferenz über die Zukunft des Dutchess County traten wir zwischen den Reden auf und gaben so den Zuhörern Gelegenheit, ihre Reaktionen auf das, was sie gehört hatten, auszudrücken.

1979 sah ein Australier unsere Vorstellung bei einer Psychodrama-Konferenz in New York City. Er fragte, ob wir auch nach Australien kommen würden – und wir sagten ja, wenn er die Reise organisieren und die Finanzierung übernehmen würde. Im folgenden Jahr flogen vier Mitglieder unserer Gruppe nach Neuseeland und Australien. Wir veranstalteten Workshops und spielten in Auckland, Wellington, Sydney und Melbourne. Da wir für eine Vorstellung mehr als vier Leute brauchten, wollten wir Teilnehmer der Workshops auswählen, die in dem Playback-Team mitspielen sollten. Dies gelang uns. Der Auswahlprozeß war schwierig für uns wie für die Teilnehmer des Workshops, aber überall entstand eine sehr gute »Truppe«. Die Zuschauer konnten sich uns auf andere und intimere Art nähern, als wenn wir nur »die Besucher aus Amerika« gewesen wären. Das Spielen mit örtlichen Schauspielern half uns auch bei gelegentlichen sprachlichen Schwierigkeiten. Obwohl wir alle Englisch sprachen, benutzten manche Erzähler ein Idiom, das seinen Weg noch nie über den Pazifik gefunden hatte. So waren die amerikanischen Schauspieler bei einer Geschichte über einen »chook« ratlos, bis ihre australischen Mitspieler sie aufklärten – ein »chook« ist ein »chicken«, ein Huhn.

Diese Reise wurde für uns zum Wendepunkt. Die Australier und Neuseeländer in unseren Workshops waren begeistert vom Playback-Theater. Überall gab es einige, die weiter zusammenarbeiteten und Playback-Gruppen gründeten, die inzwischen eine Eigendynamik gewonnen und ihren eigenen Stil gefunden haben. Zum erstenmal bedeutete Playback mehr als unsere eigene Gruppe. In den Jahren nach 1980 setzte sich dieser Prozeß fort und seit 2009 gibt es Playback-Theater in mindestens 33 Ländern und überall in den USA. Sie spielen in Theatern, Schulen, Krankenhäusern, Betrieben, Gefängnissen, überall, wo es Menschen gibt, die Geschichten zu erzählen haben.

Unsere Truppe, zur Unterscheidung von den anderen, seither entstandenen als »Ursprüngliche Playback-Theater-Gruppe« bekannt, vergrößerte sich in den achtziger Jahren und veränderte sich stetig. Wir haben sehr viel Sozialarbeit geleistet – mit alten Menschen, gefährdeten Jugendlichen, Behinderten, Gefangenen. Wir waren bestrebt, uns künstlerisch weiterzuentwickeln, denn uns war bewußt, daß wir einer Geschichte um so besser dienen konnten, je erfahrener wir waren. Wir experimentierten mit vorbereitetem Material, das wir in die Vorführungen einbrachten, zeigten abwechselnd bereits geprobte Szenen und Geschichten aus dem Publikum zu vorgegebenen Themen wie Liebe oder Atomkrieg. Bei fast allen Aufführungen forderten wir die Zuschauer auf, mit den Schauspielern die Plätze zu tauschen und eine Geschichte zu spielen. Die Spontaneität der Zuschauer-Schauspieler, ihre »Anfänger-Gemüter«, bildete oft den Höhepunkt des Abends. Manchmal fanden wir neue Wege, die Zuschauer einzubeziehen. Bei einer Veranstaltung, auf der sich das Thema Geburt herauskristallisiert hatte, kamen hintereinander zwölf männliche Zuschauer auf die Bühne und spielten Frauen zu einem bestimmten Zeitpunkt ihrer Schwangerschaft, der Geburt oder der ersten Zeit der Mutterschaft – den possenhaften ersten Besuch beim

Gynäkologen, die körperlichen Beschwerden während der neun Monate, den magischen Augenblick, nachts das Baby zu stillen, während die anderen schlafen.

Wir waren als Workshop-Leiter sehr begehrt und zwar von Leuten, die sich für diese Arbeit mehr interessierten, um selbst weiterzukommen, und weniger, darum ‚Playback-Schauspieler zu werden. Wir boten Kurse für Kinder an und erlebten, mit welcher Frische und Einsicht sie, unsere eigenen eingeschlossen, das Playback-Theater bereichern konnten.

Für manche von uns wurde das Playback-Theater zum Beruf. Wir erhielten Stipendien und konnten Gehälter zahlen, wenn auch nicht üppig und nicht regelmäßig. Wir mieteten ein Büro und stellten einen Verwalter ein. Wir hatten Direktoren und ein Budget und wachsende Sorgen. In den späten achtziger Jahren waren wir ausgelaugt. Immer noch liebten wir Geschichten, und nach den vielen gemeinsam verbrachten Jahren gehörten unsere Leben eng zusammen, aber jede Woche zusammenzukommen und Vorstellungen zu organisieren und ständig neues Geld aufzutreiben, ging fast über unsere Kräfte. So entschlossen wir uns schweren Herzens, aufzuhören oder zumindest unseren Spielplan einzuschränken, das Büro aufzulösen, den Verwalter zu entlassen und abzuwarten, was geschah. Wir veranstalteten unseren letzten »Ersten Freitag im Monat«. Zwei Zuschauerinnen, die regelmäßig zu den Playback-Veranstaltungen kamen, weinten, während ich das Abschiedslied »THE CARNIVAL IS OVER« sang.

Doch es war nicht vorbei. Das Playback-Theater hat sich in der Form, in der wir es entwickelt haben, ständig ausgebreitet, weil immer mehr Menschen seine einfache Kraft erfahren. Einige Mitglieder unserer ersten Gruppe arbeiten nun in anderen Gruppen, zu Hause und überall auf der Welt. Wir spielen auch immer noch als Gruppe, wenn wir Lust haben und wenn eine Einladung uns besonders reizt. Wir sind zu unseren Wurzeln zurückgekehrt, haben die Einfachheit der ersten Jahre wiedergefunden.

Inzwischen entwickelt sich das Playback-Theater als Genre immer weiter. In neuen Kontexten entstehen neue Ideen und Innovationen, von denen manche dauerhaften Einfluß, andere nur experimentellen Charakter haben und kurzlebig sind. Durch das International Playback Theatre Network erfahren Playback-Veranstalter, was andere überall auf der Welt tun, wodurch sie ihrerseits Anregungen erhalten. Das Wesentliche ist geblieben: ein Theater, das auf der spontanen Darstellung persönlicher Geschichten beruht.

Anmerkungen

1 Einige dieser Gedanken wie auch andere, die in dieser Publikation angesprochen werden, sind in Jonathan Fox' Buch RENAISSANCE EINER ALTEN TRADITION: PLAYBACK-THEATER, Köln 1996, auch im Hinblick auf ihren theoretischen Hintergrund genauer erläutert.

2 »playback« bedeutet auf Englisch »Wiedergabe, Zurückspielen« wie beim Tonbandgerät.

2. DAS GESPÜR FÜR GESCHICHTEN

Eine Geschichte muß erzählt werden

In einem Sommerworkshop beobachtete ich Playback-Schauspieler aus der ganzen Welt, die gemeinsam Geschichten improvisierten. Dort waren Australier mit energischen Bewegungen und lauten Stimmen, Russen, die mit Metaphern und Schweigen arbeiteten, Europäer, die kurze poetische Dialoge führten, Amerikaner, deren Spiel direkt aus dem Herzen kam. Die Playback-Szenen, die ich dort sah, waren vom Stil her weit von unserer ursprünglichen Arbeit entfernt. Und doch war deutlich zu erkennen, daß bei aller Veränderung das Verfahren des Playback-Theaters funktionierte – *solange die Geschichten erzählt wurden.* Ob eine Szene gekonnt oder holperig gespielt wurde, ob sie aus Dialogen oder Bewegungen bestand, ob sie realistisch oder impressionistisch war, Einflüsse der Commedia dell'arte aufwies oder des traditionellen russischen Theaters, wenn die Geschichten erzählt wurden, war die Szene ein Erfolg, der Erzähler war bewegt, die Zuhörer zufrieden. Wurden sie nicht erzählt, so konnte das brillanteste Spiel nicht helfen.

Bei diesen Workshop-Szenen wurde die Geschichte nicht immer erzählt. Manchmal verlor sie sich in unwichtigen Details oder in der verwirrten Kommunikation zwischen den Schauspielern oder im Ehrgeiz eines einzelnen, unbedingt im Mittelpunkt zu stehen. Manchmal entfernte sich eine symbolische Darstellung von der konkreten Erfahrung und verlor jegliche Bedeutung. Ich begann, genau darauf zu achten, was erfolgreichen Darstellungen gemeinsam war. Ich hatte den Eindruck, daß es zwei wesentliche Elemente gab, die allen anderen Überlegungen zugrunde lagen und die zusammenwirkten wie eine Tasse und der leere Raum in ihr: das intuitive Gefühl für die Bedeutung der Erfahrung des Erzählers und ein ästhetisches Empfinden für die Geschichte selbst.

Alle Mitglieder eines Playback-Teams – die Schauspieler, der Leiter, der Musiker, der Beleuchter, falls einer da ist – müssen Geschichtenerzähler sein. Sie müssen die Form einer Geschichte heraufbeschwören können, und sie müssen in der Lage sein, den manchmal schwerfälligen Bericht des Erzählers in diese Form zu gießen. Ist dies nicht der Fall, fühlen sich alle irgendwie betrogen – der Erzähler, die Zuschauer und sogar die Schauspieler selbst. Wenn es jedoch gelingt, sind das Entzücken und die Befriedigung spürbar. Wir erfahren eine tiefgreifende Bestätigung, wenn wir ein Stück Leben auf diese Weise geformt sehen.

Das Bedürfnis nach Geschichten

Woher wissen wir, was eine Geschichte ist? Wir wissen es, weil Geschichten uns von Beginn unseres Lebens an begleiten. Wir wissen, daß eine Geschichte irgendwo beginnen muß, um zu erfahren, wo alles seinen Ausgang nahm. Dann muß es eine Entwicklung geben oder eine Überraschung oder eine Wendung und schließlich ein Ende, eine Stelle, an der sie aufhören kann. Es gibt unendlich viele Möglichkeiten in bezug auf Umfang und Form, von der Scharfsinnigkeit einer Einminutenfabel bis zur Wuchtigkeit eines Viktorianischen Romans. Gibt es Form, Bedeutung und eine Beziehung zwischen den einzelnen Elementen, wissen wir: Das ist eine Geschichte.

Die Form einer Geschichte ist so grundlegend und gleichbleibend, daß schon ein- oder zweijährige Kinder sie beim Zuhören erkennen können. Alle Eltern, Lehrer, Babysitter oder größere Geschwister wissen, daß Kinder gern Geschichten hören. Tatsächlich ändert sich daran später nichts – wir alle *möchten* Geschichten hören, und wir suchen sie überall, wo sie zu finden sind – im Kino, in Romanen, in der Zeitung, in Gesprächen, die wir in der Straßenbahn aufschnappen.

Wir lernen auch, eigene Geschichten zu erzählen. Um zu überleben, müssen wir es tun. Was wir erleben, erscheint uns oft willkürlich und ungeordnet. Oft tritt nur Ordnung in den Wirrwarr unzähliger Details und Eindrücke, wenn wir erzählen, was uns widerfahren ist. Wenn wir unsere Erlebnisse zu Geschichten verweben, entdecken wir Sinn in dem, was wir erlebt haben. Unsere Geschichten anderen zu erzählen hilft uns, die Bedeutung der Geschichte für uns persönlich einzuordnen. Auch ist es eine Möglichkeit, zur universellen Sinnfrage beizutragen. Das wesentliche Element der *Form* in einer Geschichte kann Chaos umformen und ein Zugehörigkeitsgefühl wiederherstellen zu einer Welt, die letztlich sinnvoll ist. Selbst mit schmerzhaften Erfahrungen kann ein Mensch sich bis zu einem gewissen Grad versöhnen, werden sie als Geschichten erzählt. Denken Sie nur an die erschütternden Geschichten von Überlebenden des Holocaust, wie beide, Erzähler und Leser oder Zuhörer, durch das Erzählen gewinnen.

Wenn das Bedürfnis nicht gestillt wird

Es ist ein großer Nachteil, wenn jemand seine Geschichte nicht erzählen kann. Wir *brauchen es*, daß wir gehört werden, bestätigt werden und als jemand willkommen sind, der teilhat am Menschsein. Und wir müssen unserem Leben einen Sinn geben. In seinem Buch DER MANN, DER SEINE FRAU MIT EINEM HUT VERWECHSELTE beschreibt Oliver Sacks einen Mann, der am Korsakow-Syndrom leidet. Die Krankheit hat sein Gedächtnis zerstört; er ist dazu verurteilt, in der Gegenwart zu leben, abgeschnitten von jedem Gefühl für das, was seiner Situation vorausgegangen ist; verzweifelt bemüht, Ereignisse, die um ihn herum geschehen, festzuhalten, um sie zu Geschichten zu formen. Sacks schreibt:

»Jeder Mensch *ist* eine einzigartige Erzählung, die fortwährend und unbewußt durch ihn und in ihm entsteht – durch seine Wahrnehmungen, seine Gefühle, seine Gedanken, seine Handlungen und nicht zuletzt durch das, was er sagt, durch seine in Worte gefaßte Geschichte. Um wir selbst zu sein, müssen wir uns selbst *haben*, wir müssen unsere Lebensgeschichte besitzen oder sie, wenn nötig, wieder in Besitz nehmen.«[1]

Ich nehme oft an Playback-Aufführungen für verhaltensgestörte Kinder teil, die in Heimen leben. Diese Kinder, zwischen fünf und vierzehn Jahre alt, sind erpicht darauf, zu diesen Darbietungen zu kommen, und nutzen sie, um eigene wichtige Erfahrungen zu erzählen – ihre Adoption, der Tod einer Schwester, wie sie mit anderen Kindern im Park spielen; so haben sie eine Zeitlang das Gefühl, daß wir zu ihrer Familie gehören. Das einzige Problem, das wir haben, liegt darin, daß ihr Drang zum Erzählen so stark ist und es immer mit Enttäuschung für die endet, die keine Gelegenheit hatten, selbst Geschichten zu erzählen. Da können zehn Hände in der Luft wedeln: »Nimm mich dran! Nimm mich dran!« Aber nie reicht die Zeit, alle Geschichten nachzuspielen.

Es ist bitter, dieses heftige Verlangen, daß ihnen zugehört wird, mit anzusehen. Wann sonst im Leben haben sie eine solche Gelegenheit? In einer Einrichtung mit vielen gestörten Kindern kommt es nur selten vor, daß ein Betreuer aufmerksam der Geschichte eines Kindes zuhört. Wenn überhaupt, haben nur wenige dieser Kinder die Geduld oder die Reife, sich gegenseitig zuzuhören. Auch kommen die meisten von ihnen aus Familien, in denen die Sorge um die Grundbedürfnisse wie Essen, Unterkunft und körperliche Unversehrtheit keine Zeit läßt, den Hunger nach Geschichten zu stillen.

Anders als die Patienten von Sacks erinnern sich diese Kinder und viele andere benachteiligte Menschen an ihre Geschichten. Sie wissen genau, daß es sehr dringend und wichtig ist, sie zu erzählen. Was ihnen fehlt, ist die Gelegenheit, Geschichten mitzuteilen, wie sie die meisten Menschen von uns im alltäglichen Leben haben.

Alltägliche Geschichten

Was geschieht, wenn wir einander unsere Geschichten erzählen? Alles beginnt mit dem elementaren Bedürfnis mitzuteilen, was uns widerfahren ist, was wir gesehen, erfahren oder bemerkt haben. Wir spüren, daß es uns Erfüllung bringt, anderen davon zu erzählen. Unser Gefühl für Geschichten meldet sich. Wir tun unser Bestes, unsere Wahrnehmungen und Erinnerungen in eine Form zu bringen. Wir haben ein Gefühl dafür, worum es geht, warum diese oder jene Geschichte erzählt werden muß. Diesem Gefühl folgend nehmen wir ein paar Details in die Geschichte auf, und andere lassen wir weg. Manche Momente betonen wir stärker, andere übergehen wir. Wir wissen mehr oder weniger, wo die Geschichte beginnen, wo sie enden soll und was ihr Herzstück ist.

Es ist nicht immer einfach, Alltagsgeschichten zu erzählen. Manchmal ist eine Geschichte so tief verschüttet, daß kein Zugang möglich scheint. Oder wir wissen nicht genau, worin die Bedeutung der Geschichte liegt und bleiben in einem Dickicht von Details stecken. Manche Leute sind einfach bessere Geschichtenerzähler als andere. Wir alle haben Freunde, die uns mit ihren Geschichten fesseln, selbst wenn sie von gewöhnlichen

Dingen handeln, andere erzählen langweilig und konfus, ganz gleich, worum es geht.

Meine Freundin erzählt mir etwas, was sie gerade bei der Arbeit erlebt hat: »Ich war mitten im Unterricht, und da landete plötzlich ein riesiger Heißluftballon draußen auf dem Spielplatz. Alle stürzten nach draußen, Lehrer und Kinder. Mein Gott, wir waren so aufgeregt! Die Ballonfahrer stiegen aus und erklärten, etwas sei schiefgelaufen und sie hätten notlanden müssen. Dann kam der stellvertretende Direktor dazu. Es war unglaublich – er erklärte ihnen, der Platz sei staatliches Eigentum und sie hätten nicht das Recht, sich dort aufzuhalten, und er würde die Polizei rufen, wenn sie nicht sofort verschwinden würden.«

Ganz instinktiv gab sie ihrem Bericht die Form einer Geschichte. Sie hielt sich nicht an den genauen Ablauf, sondern beschränkte sich auf das Wesentliche, um mir ein anschauliches Bild von dem zu vermitteln, was sie erlebt hatte.

Die Geschichten, die wir über uns erzählen, verdichten sich zu einem Verständnis unseres Selbst, zu einer Identität, einer ganz persönlichen Mythologie. Wir erzählen auch Geschichten über unsere Welt, und sie helfen uns, zu begreifen, was uns sonst als verwirrendes und willkürliches Universum erschiene. Die Historie, der Mythos und die Legende sind Sammlungen von Geschichten, die diese Aufgabe haben. Sie ordnen und begründen menschliche Erfahrung, die so verstanden werden kann und in Erinnerung bleibt.

Geschichten im Playback-Theater

Wir alle sind Geschichtenerzähler. Geschichten gehören zur Struktur unseres Denkens. Wir brauchen sie für unser seelisches

Gleichgewicht und für unser Verständnis von unserem Platz in der Welt. Unser ganzes Leben lang suchen wir nach Gelegenheiten, sie zu hören und zu erzählen. Ich glaube, das ist der Grund, weshalb das Playback-Theater so gedeihen konnte: Hier wird das Bedürfnis nach Geschichten gestillt.

»Darf ich etwas ganz Alltägliches erzählen?« fragt eine Studentin nach der dramatischen Darstellung eines Alptraums. Ihre Geschichte handelt davon, wie sie mit ihrer Mutter in einem Kurort zum erstenmal ein Schlammbad nimmt. Die Frage des Leiters fördert weiterführendes Material zutage. Die Mutter und das Mädchen leben weit entfernt voneinander, und dieses Ereignis findet während der seltenen, kostbaren gemeinsamen Zeit statt. Die Erzählerin wählt für alle Rollen Frauen aus, auch für den Schlamm und den freundlichen Bademeister. Die Darstellung nimmt die Aura eines weiblichen Rituals an; eingetaucht zu werden in ursprünglichen Schlamm, bemuttert und ernährt, getröstet und gewärmt zu werden.

Es ist unsere Aufgabe, im Playback-Theater weiter zu gehen, als wir es normalerweise beim Erzählen von Geschichten tun. Es ist unsere Aufgabe, die Gestalt und Bedeutung jeglicher Erfahrung zu enthüllen, selbst von solchen, die beim Erzählen unklar sind oder keine Form haben. Wir verleihen Geschichten durch Rituale oder ästhetisches Bewußtsein Würde und verbinden sie miteinander; so werden sie zur kollektiven Geschichte einer Gemeinschaft von Menschen, sei es die vorübergehende Gemeinschaft während einer öffentlichen Veranstaltung oder die einer Gruppe von Menschen, deren Leben über längere Zeit verknüpft sind. Menschen, die auf diese Weise miteinander Geschichten teilen, können nicht anders als ihre Verbundenheit spüren: Playback-Theater ist gemeinschaftsstiftend. Wir stellen eine öffentliche

Arena zur Verfügung, in der die Bedeutung individueller Erfahrung Teil eines gemeinsamen Empfindens sinnvoller Existenz wird. Im Playback-Theater haben Menschen bisweilen zutiefst tragische Ereignisse ihres Lebens mitgeteilt. Diese Geschichten haben nicht nur zu ihrer Heilung beigetragen, sondern auch zu der aller Anwesenden. Wenn man erlebt, wie sich die Geschichte eines Fremden entfaltet, hat man das Gefühl, daß es das eigene Leben ist, die eigene Leidenschaft, wovon man Zeuge ist, ob man selbst Ähnliches erlebt hat oder nicht. Emotionen und Lebensströmungen verbinden uns viel tiefer als die spezifischen Details individueller Erfahrung.

Ich erinnere mich an einen Mann, der vom Jahre zurückliegenden Tod seiner Frau berichtete. Damals war er unfähig gewesen, seinen noch kleinen Kindern emotional so nahe zu sein, wie er es gern gewesen wäre. Unter den Zuhörern saß sein Sohn, jetzt ein junger Mann. Am Ende der Geschichte lagen sich die beiden Männer in den Armen, und Zuschauer und Playback-Spieler weinten mit ihnen.

Um das Versprechen des Playback-Theaters einzulösen, müssen wir ein ausgeprägtes Empfinden für die flexible ästhetische Struktur einer Geschichte besitzen und wissen, wie man sie auf der Grundlage des angebotenen Materials entwickeln kann. Wir müssen in der Lage sein, die Geschichte mit dem notwendigen Anfang, dem Wendepunkt und dem Schluß auszustatten, selbst wenn diese im Bericht des Erzählers nicht klar zu erkennen sind. Wir müssen empfänglich sein für jene Züge, die der Geschichte Leben und Anmut verleihen. Beim Improvisieren müssen wir ausfiltern, auf der Stelle entscheiden, was von dem, das wir gehört haben, für die zu erzählende Geschichte wesentlich ist. Wir müssen uns fragen: »Warum diese Geschichte? Warum hier und jetzt?«, damit wir spüren, was ihre verborgenste Bedeutung ist.

Die Essenz der Geschichte

Den Kern einer Geschichte zu entdecken, ist eine subtile Aufgabe. Man kann ihn nicht einfach so benennen wie die Lösung eines Rätsels. Man kann die Geschichte nicht auf eine chemische Formel verknappen. Was immer die Essenz der Geschichte ist, die Essenz *braucht*, um zum Ausdruck zu kommen, die Geschichte. Ihre aufeinander bezogenen Bedeutungen, die von den Ereignissen nicht zu trennen sind, stellen den Kern dar, ohne den die Geschichte nicht danach drängte, erzählt zu werden.

Manchmal liegt die eigentliche Bedeutung der Geschichte jenseits der gesprochenen Worte, etwa im Gesichtsausdruck des Erzählers oder seiner Körpersprache. Einmal erzählte ein Mann bei einer Playback-Probe von einem schrecklichen Zahnarztbesuch aus seiner Kindheit. Offenbar ging es darum, daß er ein »tapferer Junge« sein sollte, auch wenn ihn Angst und Schmerzen überwältigten. Als ich ihn als Leiterin jedoch fragte, wer ihn denn zum Zahnarzt begleitet hätte, sah er mich mit leuchtenden Augen an: »Mein Vater.« Aus der Veränderung seiner Haltung und des Gesichtsausdrucks konnte ich ablesen, daß diese Geschichte auch eine über die Nähe zwischen ihm und seinem Vater sein könnte, der vor langer Zeit gestorben war. Dieser Einblick in die Geschichte verlangte jedoch nicht, daß unsere Darstellung Seth' Beziehung zu seinem Vater in den Mittelpunkt stellen sollte. Der Reichtum und die Wirksamkeit – nicht nur für den Geschichtenerzähler, sondern für alle – rühren daher, daß alle Bedeutungsebenen zugelassen sind, daß sie sich gegenseitig spiegeln und einander erhellen.

Die größere Geschichte

Die meisten Leute, die zum Playback-Theater kommen, haben in ihrem Leben alle möglichen persönlichen Geschichten erzählt und gehört. Wenn sie einmal begriffen haben, worum es bei dieser Art von Theater geht, scheint es ihnen vertraut. – »Das ist etwas, was ich wirklich erlebt habe«, sagen sie zustimmend. Dabei ist es zugleich auch ganz anders. Eine persönliche Geschichte öffentlich wiederzugeben, und sei es noch so formlos, ist etwas anderes, als sie am Telephon einem Freund zu erzählen. Es gibt die Zuhörer und die Schauspieler, es gibt den leeren Raum auf der Bühne und den rituellen Rahmen. Diese Dinge verändern die Umgebung, in der Geschichten erzählt werden. Es ist, wie in einem hallenden Keller zu singen statt im eigenen Wohnzimmer, die Resonanz ist größer. Meistens spüren die Erzähler dies und reagieren darauf, indem sie starke Geschichten erzählen, die, in lebendige subjektive Erfahrungen eingebettet, einen Teil ihrer Wahrheit zu erkennen geben. Sie legen Zeugnis ab, indem sie ihre persönliche Geschichte der Öffentlichkeit darbieten.

Dann gibt es Erzähler, die zu tiefgründigeren Geschichten keinen Zugang zu haben scheinen. Sie stehen auf und erzählen bloße Anekdoten oder sind »Ich auch«-Nachbeter der Geschichten anderer. Oder sie sind unsicher, worüber sie erzählen sollen, und können auf die Versuche des Leiters, ihnen zu mehr Klarheit zu verhelfen, nicht reagieren. In unserer Gruppe waren wir immer frustriert über solche Erzähler, sogar böse auf sie, da sie uns nicht die Genugtuung verschafften, eine »gute« Geschichte aufzuführen.

Mit der Zeit jedoch lernten wir, daß stets eine größere Geschichte erzählt wird, die über die Geschichte jedes einzelnen Erzählers hinausgeht. Es ist die Geschichte dieses bestimmten Abends, und alles, was geschieht, gehört dazu, von dem Augenblick an, wo wir uns treffen, bis zum letzten Auf Wiedersehen. Vor allem ist es die Aufgabe des Leiters, den anderen zu helfen, diese umfassende Geschichte wahrzunehmen; sie an die bemerkenswerte Tatsache zu erinnern, daß wir zusammengekommen sind, unsere Geschichten zu würdigen; auf die Themen hinzuweisen, die zur Sprache kommen, auf die Verbindungen zwischen den Geschichten, auf die Bedeutung dieser oder jener Person, die zum Erzähler wird; sogar bei einer schwierigen Darstellung die Zuschauer aufzufordern, zu sehen, daß wir für das, was geschieht, alle gemeinsam verantwortlich sind. Geschichten können vom Kontext ihres Erzähltwerdens nicht gelöst werden; die kontextuellen Einzelheiten sind so bedeutsam wie die Geschichte selbst.

Es ist nicht einfach, sich dieser Dimension immer bewußt zu bleiben. Auf der Bühne neigen wir dazu, uns auf die Geschichte, die erzählt wird, und auf die Aufgabe ihrer Darstellung zu konzentrieren. Wir müssen in Gedanken wie eine Filmkamera zurückgehen, um das gesamte Bild zu erfassen. Die Aufführung ist voll von Momenten, die uns, wenn wir ihnen offen gegenüberstehen, dabei helfen können. Ein solcher Moment taucht schon früh auf. Wenn die Aufwärmphase vorbei ist und der Leiter fragt: »Wer ist heute abend der erste Erzähler?« Keine Reaktion. Schweigen. Dann entsteht Bewegung im Publikum. Eine Gestalt löst sich aus der Gruppe, kommt auf die Bühne, wird zu einem Menschen mit einem Gesicht, einer Stimme, einem Namen, einer Geschichte. Immer wieder aufs neue bin ich ergriffen, wenn ich das miterlebe. Wie wunderbar, daß es das gibt, daß wir sagen können: »Wir sind hier, um deine Geschichte zu spielen«, und ein Fremder antwortet: »Ich habe eine Geschichte.«

1980 auf unserer Australientournee traten wir in einem ziemlich großen und renommierten Theater in Sydney auf. Es war brechend voll, was erfreulich war, nach unserer Erfahrung aber wahrscheinlich keine gute Voraussetzung für die Auswahl der Geschichten, die zu erwarten waren. Wir hatten die Erfahrung gemacht, daß »gute« Geschichten, die spannenden, über wichtige Dinge des Lebens, in der Regel zum Vorschein kamen, wenn das Publikum klein war oder die Zuschauer sich gut kannten. Die Leute mußten einander vertrauen können. Bei einer öffentlichen Aufführung mit zahlreichem Publikum bestand kaum Aussicht auf irgend etwas anderes als Anekdoten.

Und genau das hörten wir in Sydney: Geschichten über Opossums auf dem Dach, über einen Eisvogel, der sein Junges fütterte. Jahrelang führten wir diesen Abend als Beispiel an für die Oberflächlichkeit, die für ein großes Publikum typisch ist. Heute bin ich der Meinung, daß wir mindestens zwei wichtige Dimensionen übersehen haben: zum einen den Zusammenhang zwischen dem Thema des Fremden, wilde Tiere, die in das städtische Leben einbrechen, und unserem Besuch – wir, die Ausländer, das Unbekannte, die plötzlich bei ihnen auftauchten. Zum anderen die Bedeutung der Tiere als Totem. Selbst wenn es einem Städter nicht unbedingt bewußt ist, so ist Australien doch ein Land, in dem Tiere stets gegenwärtig sind. Opossums und Eisvögel und Känguruhs stehen im Zentrum der Traumzeitkosmologie der Aborigines. Tiergeschichten in Australien müssen zweifellos in diesem Kontext angehört werden.

Wenn eine Playback-Vorstellung beginnt, wissen wir nie, welche Geschichten auftauchen werden, welche Themen sich herauskristallisieren, um in die größere Geschichte des Abends eingewebt zu werden. Wir müssen unseren Sinn für Geschichten wachhalten, während wir dem Erzähler lauschen und die Bedeutungsschichten unseres Zusammenseins, in dieser Form, zu dieser Zeit, an diesem Ort, erfassen.

Elaines Geschichte

Auf einer öffentlichen Playback-Vorstellung erzählt eine grauhaari-ge Frau namens Elaine die Geschichte, wie sie eines Tages spontan mit einem jungen Mann, den sie bei einem Workshop kennengelernt hat, nackt baden geht. Das Schwimmen macht Spaß, doch als sie aus dem Wasser heraus will, schafft sie das nicht allein. Der junge Mann hilft ihr, packt sie an den Armen und zieht sie heraus. So steht sie ihm plötzlich nackt gegenüber und wird sich mit schonungsloser Klarheit ihres alternden Körper bewußt.

Elaines Beschreibung ihres Erlebnisses weist auf seine Bedeutung für sie hin. Der peinliche Moment, in dem etwas von ihrer Sterb-lichkeit anklang, amüsierte sie mehr, als er sie erschreckte. Sie be-tonte vielmehr, daß sie ihr Älterwerden akzeptierte; sie fand sogar Gefallen daran, wie das Leben ihr die nackte Wahrheit vor Augen geführt hatte.

Auch diese Geschichte war Teil einer größeren Geschichte. Wichtige Bedeutungselemente lagen eher außerhalb als innerhalb der Story, obwohl beide Aspekte, der Inhalt und der Kontext, ei-nander erhellten und deuteten. Der Leiter kannte Elaine und wußte, daß sie wesentlich älter war, als sie aussah, eine Siebzigjäh-rige, die höchstens wie fünfzig wirkte. Mit ihrer Erlaubnis erzähl-te er den Zuhörern davon. Das verlieh ihrer Geschichte noch mehr Dramatik. An diesem Abend war sie die erste Erzählerin, was für ihren Mut und ihre Bereitschaft, gesehen zu werden, sprach – beides von zentraler Bedeutung für die Geschichte.

Das Spiel beginnt mit der Besichtigungstour, die dem Schwimmen vorausgegangen ist. Die Darstellerin von Elaine ist voller Tempera-ment, im Gegensatz zu ihrem ruhigen Mitspieler. Die Szene ist auf den Augenblick ausgerichtet, wo sie auf dem Rückweg zum Workshop an dem einladenden kleinen See vorbeikommen und Elaine vorschlägt, schwimmen zu gehen. »Ich habe keine Badehose dabei«, sagt der junge Mann. »Das macht nichts, ich auch nicht«, sagt Elaines Darstellerin und wirft schwungvoll die Stofftücher ab, mit denen sie sich kostümiert hatte. Sie schwimmen und planschen im kühlen Wasser. Musik unterstreicht ihr Vergnügen und ihre Ausgelassenheit. Dann der Höhepunkt: Der junge Mann springt mühelos aus dem Wasser, aber Elaine schafft es nicht, es ihm gleichzutun. Er zieht sie ans Ufer. Ein endloser Augenblick, wenn sie da stehen, der junge und der alte Körper. Was sich in Elaine in diesem Augenblick abspielt, läßt sich im Gesicht der Darstellerin lesen und ist aus der begleitenden Musik heraus zu hören. Dann ist es vorbei.

Elaine gehörte zu den Erzählern, die ihre Geschichte gut zu präsentieren verstehen. So war es für die Playback-Gruppe nicht schwer, eine ästhetische Form für ihre Story zu finden. Aber die Spieler mußten dennoch auf ihren Sinn für Geschichten zurückgreifen, um die Schlüsselereignisse auszuwählen und zu gestalten. Sie beschlossen, mit der Besichtigungstour zu beginnen, weil sie wußten, daß die Geschichte einen Anfang haben mußte – das brauchte für die Zuschauer nicht das Treffen beim Workshop zu sein; das Hauptereignis verlangt nach einem Rahmen, so wie eine Hügelkette von einer Ebene umgeben sein muß. Als sie zum Höhepunkt der Geschichte kamen, dehnten sie den Moment, in dem sich die beiden nackt gegenüberstehen, über seine eigentliche Dauer aus als sichtbare Analogie für Elaines inneres Erleben. Danach wußten sie, daß die Geschichte fertig erzählt war. Mehr brauchten sie nicht zu zeigen. Damit ging die Szene zu Ende.

Die Entscheidung der Schauspieler, was zu betonen, was wegzulassen war, beruhte auf ihrem kollektiven Gespür für das, worum es in dieser Geschichte ging. Aus Elaines Worten und den oben erwähnten kontextuellen Informationen begriffen sie, daß es in der Geschichte darum ging, der Tatsache des Alterns mit Gefaßtheit und Humor zu begegnen. Das einhellige Gespür aller für diese Bedeutung, zusammen mit dem Sinn für Geschichten, versetzte sie in die Lage, die Szene sehr wirkungsvoll ohne Diskussion oder vorherige Planung zu spielen. Hätte einer der Schauspieler zum Beispiel gedacht, es gehe in der Geschichte der Beziehung zwischen Elaine und dem jungen Mann um Sex, wäre die Darstellung anders verlaufen, die künstlerische Einheit nicht so gelungen gewesen.

Als Elaine die Szene beobachtete, lachte sie sehr, schlug die Hände zusammen und beugte sich zu den Schauspielern vor. Am Ende blickte sie zufrieden den Leiter an. »O ja, das war's«, sagte sie.

Auch die Zuschauer fanden die Geschichte amüsant. Doch in dem Lachen beim Höhepunkt der Geschichte schwang auch mit, daß die Zuschauer die Tiefe des Moments sehr wohl verstanden. Elaine war nicht allein in ihrem Bewußtsein von Zeit und Veränderung, Jugend und Alter, Spontaneität und den Grenzen, die uns gesetzt sind.

Die miteinander verwobenen Bedeutungen der Erlebnisse eines Erzählers herauszufinden und sie in Form einer Darstellung wiederzugeben, ist das Wesentliche des Playback-Ablaufs. In den folgenden Kapiteln soll jeder einzelne Aspekt des praktizierten Playback und sein Beitrag zu dieser Aufgabe untersucht werden.

Anmerkung

1 Oliver Sacks, DER MANN, DER SEINE FRAU MIT EINEM HUT VERWECHSELTE, Reinbek 1987, S. 154.

3. SZENEN UND ANDERE FORMEN

Eine Playback-Aufführung sieht verschiedene Spielformen vor, um auf die Geschichten der Zuschauer einzugehen. Die Grundformen sind »Szenen« (längere Spielszenen), »Fluid Sculptures« (fließende Skulpturen) und »Pairs« (gegensätzliche Gefühle). Wir betrachten sie einzeln in der Reihenfolge, in der sie vermutlich in einer Aufführung vorkommen.

Stellen wir uns vor, wir nähmen an einer Vorstellung teil, die zu einer laufenden monatlichen Reihe öffentlicher Aufführungen gehört (etwas, was viele Playback-Gruppen eingeführt haben). Zu den Zuschauern gehören Leute, die immer wieder kommen, und andere, die zum erstenmal da sind. Der Leiter weiß, daß eine seiner ersten Aufgaben darin besteht, den neu Hinzugekommenen zu erklären, was Playback-Theater ist, und ihnen zu zeigen, daß sie ihre Geschichten hier ohne Angst erzählen können. Sowohl für die Stammgäste wie für die neuen Besucher ist ein Eröffnungsritual wichtig. Es unterstreicht die Botschaft, daß die wirklichen Geschichten von normalen Menschen es wert sind, öffentlich vorgestellt und künstlerisch behandelt zu werden.

Die Aufführung beginnt mit Musik, auf die eine Einführung durch den Leiter folgt, in der dieser erklärt, was Playback-Theater ist, und so eine herzliche und respektvolle Atmosphäre schafft.

»Fluid Sculptures«

Es ist noch zu früh, sich in die Geschichten zu stürzen. Es muß den Zuschauern leichtgemacht werden, in den Playback-Prozeß einzutreten. So führt die Gruppe zunächst drei oder vier Fluid

Sculptures vor, das kurze, abstrakte Zusammenspiel von Klang und Bewegung, das die Antworten der Zuschauer auf Fragen des Leiters versinnbildlicht.

Seine erste Frage ist einfach und bezieht sich auf etwas, was den Leuten erfahrungsgemäß nicht schwerfällt zu beantworten.

»Heute ist Freitag abend. Wie fühlen Sie sich, nachdem Sie eine Arbeitswoche hinter sich gebracht haben?«

Drei Hände gehen in die Höhe. Der Leiter deutet auf eine von ihnen.

»Sie zuerst?«

»Ich bin völlig ausgelaugt. Ich kann kaum glauben, daß ich wieder eine Woche geschafft habe.«

»Und wie heißen Sie?«

»Donna.«

»Vielen Dank, Donna. Schauen Sie zu.«

Ein Schauspieler geht in die Mitte der Bühne. Sein Körper scheint zu erschlaffen, während er murmelt: »Es ist vorbei ... ich kann es nicht fassen, es ist vorbei. « Der Musiker schlägt langsam dissonante Akkorde auf der Gitarre an. Nach einer Weile gesellt sich ein zweiter Schauspieler zu dem ersten und hämmert auf dessen Kopf, während er unartikulierte, schrille Töne von sich gibt. Drei weitere Schauspieler tragen zur Szene bei und verknüpfen ihre Handlungen mit dem, was schon da ist, so daß am Ende eine organische, sich bewegende Menschenskulptur entstanden ist, die Donnas Erfahrung ausdrückt. Das Ganze dauert kaum länger als eine Minute.

»Donna, war es so schlimm?«

»Ja, vielen Dank!«

Der Leiter ist bereit, Themen so aufzugreifen, wie sie kommen. Da Donnas Erfahrungen so schrecklich waren, fragt er, ob irgend jemand die Woche anders erlebt hat. Ein Zuschauer meldet sich:

»Die Arbeit lief wie am Schnürchen, alles ging wie von selbst.« Diese Fluid Sculpture unterscheidet sich vollkommen von der ersten; sie beansprucht mehr Raum auf der Bühne, weil die Schauspieler das »Wie-am-Schnürchen-Laufen« in Körpersprache übersetzen, begleitet von einem ausgelassenen Schlagzeug. Es folgen noch mehrere Fragen, Antworten und Fluid Sculptures, jede ein flüchtiger Einblick in ein Leben.

Wenn der Leiter zu den eigentlichen Szenen kommt, sind, was die Zuschauer betrifft, einige Dinge geschehen. Die entscheidende Aufgabe des Playback-Theaters – das Übersetzen realer Erfahrung in Theater – ist jetzt für jeden erkennbar. Die Zuschauer haben verstanden, daß sie eingeladen sind, daß aber kein Zwang besteht, teilzunehmen. Ihre Antworten werden respektiert und ästhetisch umgesetzt. Sie haben erlebt, wie befriedigend es ist, entweder direkt oder stellvertretend die eigene Erfahrung in künstlerischer Form wiederzuerkennen. Sie beginnen, die Verbindungen wahrzunehmen, die zwischen ihnen bestehen, daß sie eine Gemeinschaft sind. Manche überlegen sich, welche eigenen Erfahrungen sie in dieser Umgebung erzählen könnten. Sie sind bereit, als Erzähler mitzuwirken.

»Szenen«: das Interview

»Wir kommen jetzt zu Geschichten, Geschichten über Dinge, die Sie selbst erlebt haben, vielleicht heute morgen, vielleicht in Ihrer Kindheit, vielleicht im Traum.« Der Leiter macht eine Pause. »Wer will heute abend unser erster Erzähler sein?«

Bisher haben die Leute ihre Antworten von ihrem Platz im Zuschauerraum aus gerufen. Jetzt aber muß jemand auf die Bühne kommen und neben dem Leiter auf dem Erzählerstuhl Platz nehmen und seine Geschichte erzählen.

Nichts geschieht. Die Zuschauer sehen einander ein wenig ängstlich an – was, wenn niemand eine Geschichte hat? Der Leiter und die Schauspieler bleiben gelassen. Sie wissen, daß in dieser kurzen Zeit des Abwartens viele Geschichten reifen. Man muß nur geduldig sein, eine wird vom Baum fallen.

Ein Mann hebt die Hand, bereits im Aufstehen begriffen. Er gehört zu denen, die häufig zu den monatlich stattfindenden Aufführungen kommen.

»Hallo, Richard, Sie haben heute abend eine Geschichte?«

»Ja, aus irgendeinem Grund kam sie mir in den Sinn. Sie passierte, als ich ein Kind war.«

Wir sind bereits im ersten der fünf Stadien der darstellerischen Umsetzung einer Geschichte, dem Interview. Der Leiter stellt Fragen, um die Geschichte hervorzulocken. Es kommt von Anfang an darauf an, die Anhaltspunkte zu finden, die es der Gruppe erlauben, aus dem Rohmaterial einer Erfahrung Theater zu machen. Wie wir im letzten Kapitel gesehen haben, braucht man dazu vor allem einen Zugang zum Wesentlichen einer Geschichte, muß den Grund wissen, weshalb sie erzählt wird, und ein ästhetisches Gespür für Geschichten haben, ohne daß die Szene keine kohärente und zufriedenstellende Form haben wird. Bei der Befragung versucht der Leiter, die grundlegenden Fakten der Geschichte herauszufinden – wer, wo, was geschah –, und geht dabei so sparsam wie möglich vor. Der Leiter fordert den Erzähler auf, für jede Rolle, sobald sie in der Geschichte auftaucht, einen Schauspieler auszuwählen. Schauspieler können auch abstrakte und unbelebte Elemente der Geschichte darstellen, wenn sie für die Bedeutung der Geschichte wichtig sind. Wurden sie ausgewählt, stehen die Schauspieler auf und bereiten sich innerlich auf ihre Rolle vor, spielen aber noch nicht.

»Sie waren damals sechs Jahre und lebten auf einer Farm. Suchen Sie jemanden aus, der den sechsjährigen Richard darstellen soll.«

»Andy kann mich spielen.«

»Gut, und wer kommt noch in der Geschichte vor?«

»Mein Vater.«

»Okay. Finden Sie jemanden für diese Rolle?«

Wenn die Schauspieler bestimmt sind, stehen sie vor der Kiste, auf der sie gesessen haben, spielen noch nicht, sondern hören der Geschichte zu, wobei sie jetzt wissen, daß sie eine bestimmte Rolle zu übernehmen haben. Die Schauspieler auszuwählen ist an sich schon sehr dramatisch. Es verheißt den Zuschauern, daß dieses Gespräch zwischen Leiter und Erzähler der Auftakt zu einer Aktion ist. Die kommende Szene beginnt, in unserer Phantasie im leeren Raum zwischen den Schauspielern und dem Erzähler aufzuflackern.

Das Interview endet mit einer kurzen Zusammenfassung und vielleicht einer Anregung für die Durchführung. Dann ist die Aufgabe des Leiters und des Erzählers fürs erste erfüllt.

»Das ist Richards Geschichte über seine Freiheitsliebe und wie er dafür bestraft wird.«

Die Vorbereitung

Mit dem zweiten Stadium, dem Einrichten der Bühne, beginnt die Handlung. Das Licht wird zu einem schummrigen Dämmer heruntergedreht. Der Musiker improvisiert eine Musik, die kindliche Fröhlichkeit heraufbeschwört. Die Schauspieler nehmen schweigend und mit Bedacht ihre Positionen ein. Manche wählen Stofftücher aus, um Phantasiekostüme oder Requisiten anzudeuten. Andere verteilen einige der Kisten auf der Bühne als einfaches Bühnenbild. Diskutiert wird nicht.[2] Wenn alle bereit sind, hört der Musiker auf zu spielen. Das Licht wird hochgedreht, und die Szene beginnt.

Für die Zuschauer kann das etwas Magisches haben, vor allem, wenn die Szene außergewöhnlich gut läuft. Wie sollen die Schauspieler, ohne vorher zu diskutieren, wissen, was sie zu tun haben? Das Geheimnis liegt darin, daß die Schauspieler, wenn es kein Skript und keinen Handlungsentwurf gibt, auf ihr hochentwickeltes Gespür für Geschichten angewiesen sind, auf ihr Einfühlungsvermögen für die Bedeutungsebenen dieses Menschen und auf ihre Offenheit füreinander. Die Disziplin, die nötig ist, etwas ohne vorherige Absprache in Szene zu setzen, hat ihre darstellerischen Fähigkeiten geschärft.

Die Darstellung

Das dritte Stadium besteht in der Darstellung selbst.

Die Szene beginnt mit Andy, dem Darsteller von Richard, der rastlos herumlungert, während sein Vater, ein Farmer, versucht, eine Maschine zu reparieren. Das Kind kommt ihm dabei immer wieder in die Quere.

»Komm, Richie, hör auf, mich zu stören«, sagt der Vater schließlich.

»Darf ich in der Scheune spielen, Dad?« fragt der Junge.

»Gut, aber mach keinen Unsinn, klar?« sagt der Vater mit drohendem Unterton. »Denk an das letzte Mal.«

Richie läuft zur Scheune am anderen Ende der Bühne. Drei Schauspieler haben dort regungslos gewartet. Sie sind in farbige Tücher gehüllt. Als der Junge näher kommt, fangen sie an, sich ein wenig zu bewegen. Der Darsteller des kleinen Jungen läuft umher, kreischt vor Freude, hüpft auf den Heuhaufen herum, schaukelt an einem Seil. Dies alles wird natürlich mimisch dargestellt, aber wir kennen ja die Geschichte und folgen dem Schauspieler gern in die

Welt, die er imaginiert. Mit aufsteigenden Melodien auf einer Lotus-flöte unterstreicht die Musik das Dargestellte. Die anderen Schau-spieler verstärken die Freude des Kindes mit impressionistischen Lau-ten und Bewegungen. Sie sind die Geister der Scheune.

Das Kind tollt mit ihnen herum. Es will sein Hemd ausziehen, läßt es dann jedoch – »Dad hat gesagt.« – Aber es wird wieder von seinem sinnlichen Freiheitsdrang gepackt. Unbekümmert streift es al-le Kleider ab.

Die Musik wird lauter, ein unheilvoller Ton mischt sich darunter. Dann verstummt sie abrupt. In der plötzlichen Stille erscheint Ri-chies Vater. Die Scheunengeister weichen zurück.

»Du kleiner Teufel! Was habe ich dir gesagt!« Drohend bewegt er sich auf das Kind zu und schnallt seinen Gürtel ab. Die Beleuchtung wechselt zu einem gedämpften Blau. Begleitet von einem langsamen Trommelschlag, der einen düsteren Hintergrund schafft, schlägt der Vater seinen Sohn.

Der Mann verläßt die Scheune. Das Licht bleibt heruntergedreht. Der Darsteller des Erzählers kauert am Boden. Die Scheunengeister stimmen in sein stilles Weinen ein.

Die Anerkennung

Das vierte Stadium einer Szene ist der kurze, aber wichtige Mo-ment der Bestätigung. Die Geschichte ist erzählt, die Darstellung ist abgeschlossen. Von ihrer Bühnenposition aus wenden sich die Schauspieler Richard zu. Sie sind noch in ihrer Rolle, aber auch außerhalb von ihr. Ihre Gebärde sagt: »Wir haben Ihre Geschich-te gehört und unser Bestes getan, ihr zu entsprechen. Bitte neh-men Sie unser Geschenk an.« Es ist eine Geste der Bescheiden-heit, des Respekts und des Muts, zu ihrer Aufführung zu stehen, mag sie auch unvollkommen gewesen sein.

Rückgabe an den Erzähler

Im fünften und letzten Stadium treten der Erzähler und der Leiter wieder in den Vordergrund. Richard putzt sich die Nase. Freundlich fordert die Leiterin ihn auf, sich zu äußern.

»War das Ihrer Geschichte ähnlich, Richard?«

Richard nickt. Er ist sich seiner Stimme noch nicht sicher.

»Wie Sie wissen, können wir beim Playback eine Transformation vornehmen, wir können den Ausgang so verwandeln, wie Sie es sich wünschen.«

Richard läßt sich diese Möglichkeit durch den Kopf gehen, doch dann wehrt er ab.

»Es ist gut so, es kann so bleiben.« Er sieht die Schauspieler an, die noch auf der Bühne stehen. »Irgendwie glaube ich, daß mein ganzes Leben seitdem eigentlich eine Transformation gewesen ist. Ich verdiene meinen Lebensunterhalt als Musiker, und ich tanze die ganze Zeit mit den Scheunengeistern.«

»Mit und ohne Kleider«, sagt die Leiterin. Richard lacht, die Zuschauer ebenfalls.

»Stimmt«, sagt er.

»Vielen Dank für diese Geschichte. Eine starke Geschichte für den Anfang heute abend.«

Korrekturen und Transformation

Als Richards Geschichte zu Ende war, achtete der Leiter darauf, daß der Erzähler auch wirklich das letzte Wort hatte. Hätte Richard darauf hingewiesen, daß in der Darstellung etwas völlig falsch war und so die Wirkung abschwächte, hätte der Leiter die Schauspieler um eine *Korrektur* gebeten – eine Wiederholung der Szene, die Richards Kritik eingearbeitet hätte. Doch Richards

Kommentar machte deutlich, daß er zufrieden war und die Szene seinem Erlebnis gerecht wurde.

Wegen der besonderen Art der Geschichte fragte der Leiter Richard, ob er seine Geschichte gern mit einem anderen Ausgang sehen würde – einer *Transformation*. Aber der Erzähler hatte nicht das Bedürfnis, seine Geschichte transformiert zu sehen. Ihm war bewußt, daß es in seinem Leben selbst genügend Nachspiele gegeben hatte, die ihm halfen, dieses Erlebnis zu verarbeiten.

Es gibt Zeiten, in denen Transformationen befreiend wirken – für die Zuschauer, die Schauspieler, aber auch für den Erzähler –, doch mit den Jahren haben wir die Erfahrung gemacht, daß eine Geschichte mit einem schmerzlichen Ende in der Story eines anderen Erzählers so etwas wie eine heilende Ergänzung finden kann. Eine Geschichte antwortet auf die andere und tritt in eine Art subtilen Dialog mit ihr. Das ist von den Erzählern nicht beabsichtigt. Eine Geschichte über den Tod am Anfang der Aufführung kann im späteren Verlauf in der Geschichte über eine glückliche Geburt eine indirekte Erwiderung finden, oder der Geschichte einer Demütigung folgt eine über einen Sieg. Wir bieten die Möglichkeit von Transformationen immer seltener an, im Vertrauen darauf, daß die größere Geschichte sich zu einem Ganzen verknüpft.

Richard kehrt an seinen Platz zurück, und ein anderer nimmt den Erzählerstuhl ein. Noch zwei Geschichten, und der Leiter sagt: »Jetzt machen wir etwas, was ein wenig anders ist.«

»Pairs« (gegensätzliche Gefühle)

Die Schauspieler stehen in Zweiergruppen auf der Bühne. Jedes Paar ist immer dicht beieinander, einer vor dem anderen. Alle mit dem Gesicht zum Publikum. Es können zwei oder drei Pair sein, das hängt von der Anzahl der Schauspieler ab. Der Leiter fordert die Leute auf, an eine Zeit zu denken, wo sie zwei entgegengesetzte oder widerstreitende Gefühle in sich spürten. »Liebe und Widerwillen«, ruft jemand.

»Okay. Und wann?« fragt der Leiter.

»Bei meinen Erstkläßlern. Ich hab' sie gern, aber manchmal dreht sich mir der Magen um, wenn ich mit ihrem ganzen Rotz und den Kopfläusen zu tun habe und wie einige von ihnen riechen.«

Das Pair auf der rechten Seite der Bühne beginnt. Eng ineinander verschlungen kämpfen die beiden Schauspieler miteinander, ihre Laute und unartikulierten Töne überschneiden sich. Ihr enges Umschlungensein vermittelt die Illusion, daß es nicht zwei Schauspieler sind, sondern ein Mensch mit zwei widerstreitenden Ichs.

Das erste Pair bleibt weniger als eine Minute auf der Bühne, ihm folgt das zweite, dann das dritte. Jedes Pair ist verschieden. Die Schauspieler geben jeweils andere Aspekte der Erfahrung des Erzählers wieder. Vielleicht spiegelt ein Pair die Erfahrung des Erzählers genauer wider, doch die Vielfalt der Auslegungen ermöglicht anderen im Publikum, sich ebenfalls in den Pairs wiederzuerkennen.

Der Leiter bittet um weitere Beispiele. Inzwischen haben die Leute begriffen, worum es geht, und viele Hände gehen in die Höhe. Die Erfahrung, zwischen zwei Gefühlen hin- und hergerissen zu werden, kennen alle nur zu gut, und diesen inneren Konflikt dargestellt zu sehen, ist äußerst befriedigend.

Vom Theatralischen her gesehen haben Pairs die Funktion, eine Änderung im Tempo herbeizuführen, denn verglichen mit den viel längeren und zuweilen wortreich dargestellten Szenen sind sie sehr konzentriert und intensiv. Pairs können auch eine Möglichkeit sein, Themen, die in den Szenen auftauchen, weiterzuführen.

So könnte der Leiter zum Beispiel die Leute auffordern, über die extremen Gefühle in Richards Geschichte nachzudenken und ob sie jemals einen ähnlichen Zwiespalt zwischen Sinnenlust und Konvention erlebt haben.

Außer diesen drei Grundformen – Szenen Fluid Sculptures und Pairs – gibt es viele Variationen, die in einer Aufführung vorkommen können. Ich möchte einige näher beschreiben.

Chorus

Die Schauspieler, gewöhnlich mindestens drei, stehen nah beieinander und bilden ein Knäuel. Einer beginnt mit einer Handlung, setzt dabei Bewegungen und Laute oder Worte ein. Sogleich ahmen die anderen ihn nach, und nun folgt der ganze Chorus seiner Vorgabe. Dann fällt einem anderen etwas Neues ein, das sogleich von den anderen aufgegriffen und verstärkt wird. Es kann geschehen, daß das ganze Knäuel sich wie eine Amöbe über die Bühne bewegt.

Eine Geschichte kann von Anfang bis Ende auf solch' impressionistische und nichtlineare Weise erzählt werden, vielleicht indem sich die Schauspieler hin und wieder aus der Gruppe lösen, um eine bestimmte Rolle zu übernehmen, und dann wieder mit der Gruppe verschmelzen. Der Chorus kann auch in konventionell erzählten Szenen als dramatisches Stimmungselement erscheinen. (Wird er so eingesetzt, nennt man ihn auch Stimmungsskulptur.) Die Idee des Chorus wurde zuerst von Playback-Schauspielern in Australien und Neuseeland entwickelt.

Playback-Marionetten

Eine Erzählerin setzt sich auf den Erzählerstuhl, um mit der nächsten Geschichte zu beginnen. Aber die Schauspieler sind verschwunden. Statt dessen ist ein etwa 1,50 Meter hoher Vorhang, zwischen zwei Stangen befestigt, auf der Bühne zu sehen. Die Erzählerin wirkt ein wenig verwirrt. Der Leiter befragt sie in gewohnter Weise. Die Erzählerin beginnt. »Wählen Sie etwas aus, das Sie darstellen soll«, sagt der Leiter und zeigt auf den Vorhang, über dem nun langsam vier oder fünf seltsame Gegenstände sichtbar werden: eine Axt, ein Spielzeugbesen, eine Waschmittelflasche, ein kleines Pferd mit geschmückter Mähne. Die Erzählerin schnappt vor Überraschung nach Luft . Dann schaut sie genauer hin und sagt: »Das Pferd.« Die Gegenstände verschwinden wieder hinter dem Vorhang, wobei das Pferd ein wenig länger zu sehen ist. Die Befragung geht weiter. Die Erzählerin erklärt den Besen zu ihrem fünf Jahre alten Sohn, die Axt zum Lehrer ihres Kindes, einen Holzlöffel zu ihrem Ehemann. »Schauen Sie mal«, sagt der Leiter. Für einen Augenblick erklingt Musik, und die Puppen spielen die Geschichte.

Erstaunlicherweise ist es nicht schwer, von einer Interaktion zwischen einer Waschmittelflasche und einem Spielzeugbesen in Bann gezogen, ja gerührt zu sein. In diesem phantasievollen und rituellen Zusammenhang sind wir bereit, Haushaltsgegenstände mit menschlichen Eigenschaften auszustatten, so wie es kleine Kinder beim Spielen tun. Bei einer Playback-Aufführung kann eine Szene, die mit »Puppen« statt mit sichtbaren Schauspielern gespielt wird, das Erlebnis abwechslungsreicher machen. Das bietet Gelegenheit, Dinge auf andere Weise auszudrücken und anders auf sie zu reagieren. Als Marionette kann alles dienen. Anstatt Gegenstände mitzubringen, können die Zuschauer einbezogen werden und nach geeigneten Dingen im Raum suchen – einer Pflanze, einem Schuh, einem Lineal.

Tableaus

Die Melbourne Playback Theatre Company entwickelte eine andere Art und Weise, Geschichten wiederzugeben. Zu Beginn der Aufführung, während der Aufwärmphase für das Publikum, wird jemand aufgefordert, von seinem Platz im Zuschauerraum aus eine Geschichte zu erzählen, die nur wenig ausführlicher sein darf als die Anregung zu einer Fluid Sculpture. Der Leiter hört zu, dann faßt er das Wesentliche der Geschichte in einer Reihe von Überschriften zusammen: »Vanessa fährt zur Arbeit und ist spät dran.« – »Sie fährt sehr schnell und hat beinahe einen Unfall.« – »Als sie ankommt, ist der Parkplatz leer.« – »Da fällt ihr ein, daß heute gar keine Schule ist.« Nach jeder dieser Überschriften formen die Schauspieler ein Tableau, eine unbewegliche Skulptur, die eine Phase der Geschichte darstellt – wie eine Reihe Standphotos aus einem Stummfilm, mit Untertiteln, die vom Leiter gesprochen werden. Und wie beim Stummfilm untermalt Musik die Atmosphäre.

Aktions-Haiku

Diese Form beruht auf einer von Jonathan entwickelten Workshop-Übung. Sie eignet sich gut dazu, eine Aufführung abzurunden. Ein Schauspieler steht dabei in der Mitte der Bühne, ein zweiter auf einer Seite. Der Leiter bittet die Zuschauer, Themen zu nennen, die ihnen an diesem Abend aufgefallen sind. »Verlust.« – »Schönheit an unerwarteten Orten entdecken.« – »Seine Wahrheit aussprechen.« – »Sich an die Vergangenheit erinnern.« Dann übergibt der Leiter an die beiden Schauspieler. Ingrid, die Sprecherin in der Bühnenmitte, gibt eine kurze Stellungnahme ab zu dem, was sie gehört hat.

»In mir befindet sich ein riesiges, gähnendes Loch.«

Lewis, der andere Schauspieler, hört zu und bringt Ingrids Körper in eine Position, die ihre Äußerung versinnbildlicht. In dieser Skulpturenposition spricht Ingrid wieder:

»Ich saß ruhig da und erinnerte mich.«

Lewis legt eine von Ingrids Händen auf ihr Herz, ihren anderen Arm und ihren Zeigefinger streckt er aus. Sie ahmt den Ausdruck seines Gesichts nach.

»Ich habe etwas gefunden, was ich gar nicht suchte.«

Der Skulpteur fügt die beiden Hände der Sprecherin auf eine Weise zusammen, als hielten sie einen zerbrechlichen Schatz. Ihr Gesicht nimmt einen entzückten Ausdruck an.

Die Essenz dieser Worte und visuellen Bilder wie der Botschaft, die in der Zusammenarbeit der Schauspieler und in ihrer Einstimmung auf die Worte der Zuschauer liegt, macht diese Sequenz zu einem starken ästhetischen Schlußpunkt einer Aufführung.

Die Zuschauer als Darsteller

In unserer und verschiedenen anderen Gruppen werden bei Aufführungen häufig Zuschauer als Darsteller beteiligt. Wir haben früh die Erfahrung gemacht, daß die Zuschauer, wenn sie sehen, wie wir ihre Geschichten darstellen, selbst gern Schauspieler sein würden. Es scheint jede Menge Spaß zu machen. Weil die Playback-Schauspieler so sachlich wirken und sie nur wenig Mystisches umgibt, kann sich jeder, auch wenn er keinerlei Schauspielerfahrung hat, mit ihnen identifizieren und denken: Das würde ich auch gern einmal probieren. Nach etwa zwei Szenen verläßt ein Großteil der Schauspieler die Bühne, und wir bitten die Zuschauer, deren Platz einzunehmen. Es folgt eine neue Szene. Der

Leiter gibt den Zuschauer-Schauspielern zusätzliche Anleitung, wie sie die Szene darstellen sollen, und die auf der Bühne verbliebenen Playback-Schauspieler helfen ihnen. Auch wenn solche Szenen oft wenig Profil haben, machen sie das, was an Finesse fehlt, durch Energie mehr als wett. Die Spontaneität der Zuschauer ist groß, unser Einfallsreichtum und unsere Ausdrucksvielfalt regen ihre Kreativität an.

In einer Playback-Aufführung, bei der ich unter den Zuschauern saß, erzählte ich die Geschichte, wie ich zu einem festlichen Eröffnungskonzert in London ging. Ich war zu lässig angezogen, und alles wurde noch schlimmer, weil ich eine Blasenentzündung hatte. Ich betete, daß ich meinen Begleiter nicht zu sehr in Verlegenheit bringen würde. Er trug einen Smoking, und höflicherweise tat er so, als bemerke er nichts. Ich trank ein großes Glas Orangensaft und drei Mineralwasser. Während des Konzertes mußte ich dauernd zur Toilette rennen, unter dem kritischen Blick einiger Aristokraten und Parlamentsmitglieder.

An diesem Abend gehörten zu den Zuschauer-Schauspielern zufällig ein Engländer und seine Mutter, eine ältere Dame. Ihre Darstellung war wahnsinnig komisch und authentisch, vor allem die der alten Dame. Selbst durchaus nicht von Adel, spielte sie eine der blaublütigen Konzertbesucherinnen mit hochnäsiger Perfektion. Sie hatte sich in ein Stück Seidenstoff gehüllt und sah aus, als trüge sie eine teure Abendrobe. Mitten in der Szene rutschte diese wunderbare Verkleidung versehentlich zu Boden; plötzlich ohne Kostüm, blieb sie unerschrocken. Ohne im geringsten aus dem Takt zu geraten, beklagte sie weiterhin mein unschickliches Auftreten, während sie sich würdevoll herunterbeugte, um ihr Kleid aufzuheben.

Playback-Theater ist vor allem ein Theater des Augenblicks. Man kann alles machen, was zu einer Situation paßt. Bei Zuschauern mit gleichem beruflichem Interesse kann man Teilnehmer auffordern, auf die Bühne zu kommen, nicht um eine Szene zu spielen, sondern um sich selbst in der Rolle eines Klienten oder eines Mentors zu präsentieren. Auch hier ist es ihre Spontaneität, die aus diesem Augenblick einen der erinnerungswürdigsten der ganzen Vorstellung machen kann.

Playback-Gruppen haben viele Variationen der Grundformen ausprobiert. Einige davon funktionieren so gut, daß sie inzwischen regelmäßig bei den Vorstellungen dieser Gruppen Verwendung finden und zum Teil von anderen Gruppen übernommen werden. Andere wiederum wurden ausprobiert und fallengelassen. Kreative Menschen können endlos neue Formen entwickeln, entweder auf ihren Proben oder während der Vorstellungen. Der Zweck all dieser Formen, der alten und neuen, ist die Umwandlung persönlicher Geschichten in Theater.

Anmerkungen

1 Manche Gruppen in Australien nennen Fluid Sculptures »Momente« und »Pairs« »Konflikte«.

2 In manchen Playback-Gruppen stecken die Schauspieler die Köpfe zusammen und diskutieren, bevor sie beginnen. Meiner Beobachtung nach wird damit die Qualität einer Szene nicht unbedingt besser. Wenn man nicht sehr viel Zeit zur Vorbereitung hat, wird das, was man mündlich plant, nicht besser als das, was Intuition und Teamwork leisten. Eine hastige Diskussion kann auch zu unerwarteten Problemen führen (Kapitel 6).

Die erste Playback-Gruppe von 1979.
Im Uhrzeigersinn von oben links: Jonathan Fox, Vince Furfaro, Neil Weiss,
Susan Denton, Michael Clemente, Carolyn Gagnon, Gloria Robbins,
Danielle Gamache, Judy Swallow. Peter Christman mit Kleiderbügel und
Jo Salas unter dem Fischernetz.

»PAIRS«

*»Mit einem zynischen Gefühl
einer New-Age-Hochzeit bei-
wohnen und doch berührt sein.«*

*Die Schauspieler stehen in
Paaren hintereinander.
Das erste Pair zeigt die Gefühle
des Erzählers, indem es Ge-
räusche, Bewegungen und Worte
benutzt.*

Dann folgt das nächste Pair.

EINE SZENE

Das Interview.
Die Erzählerin wählt eine Schauspielerin aus, die sie spielen soll.

Die Geschichte wird improvisiert.

Der Musiker begleitet das Spiel.

Am Ende die Anerkennung und der Kommentar der Erzählerin.

EINE FLUID SCULPTURE

»Wie war die Fahrt zu uns heute abend?«
»Frustrierend – ich habe mich im Dunkeln verfahren!«
Ein Schauspieler beginnt mit Geräuschen und Bewegungen. Nach einem kurzen Moment kommt der nächste Schauspieler mit eigenen Geräuschen und Bewegungen hinzu.

Ein dritter Schauspieler schließt sich an.

Schließlich nehmen alle Schauspieler teil, nach einigen Augenblicken »friert« die Skulptur ein.

EIN TABLEAU MIT DREI ÜBERSCHRIFTEN

*Lucy und Brett fahren zwei Stunden
zu Bretts Lieblingsrestaurant.*

*Als sie dort ankommen, müssen sie
feststellen, daß es seit einem Jahr
geschlossen ist.*

*Fast verhungert, finden sie ein schä-
biges Dinner – in dem man ihnen
die besten Sandwiches ihres Lebens
serviert.*

Alle Photos des »Hudson River Playback Theatre« von Marlis Momber.

4. PLAYBACK-SCHAUSPIELER

Stellen Sie sich vor, Sie sind eine Playback-Schauspielerin und sollen das Leben eines anderen in Szene setzen. Eine Erzählerin hat gerade eine Geschichte über einen tragikomischen Konflikt während eines Thanksgiving-Dinners im Kreise der Familie beendet. Sie hat Sie ausgewählt, um ihre Mutter zu spielen. Sie stehen auf der Bühne und hören ihr zu, schauen Sie an, geben sich Mühe, jede Nuance zu erfassen und sich genau daran zu erinnern, wer ausgewählt wurde, den Hippie-Onkel zu spielen, fragen sich, wie Sie es anstellen sollen, so zu tun, als liefen Sie drei Treppen hinunter. Dann sagt der Leiter: »Schauen Sie mal!«, und Sie müssen beginnen und auf das Beste hoffen. Irgendwie funktioniert es auch dieses Mal. Von irgendwoher fallen Ihnen gute Ideen zu; Ihre Mitspieler scheinen auf derselben Wellenlänge zu liegen; gemeinsam kreieren Sie mit Hilfe der Musik ein Theaterstück mit Form und Inhalt. Dann ist es vorbei, und die Erzählerin nickt und seufzt.

Bereit für jede Rolle

Ich habe schon Playback-Schauspieler gesehen, die eine Klobürste darstellten, ein Kind, das sich weigert zu sprechen, eine unerzogene dänische Dogge, ein neugeborenes Kind, einen Couchtisch, einen Fremden, der in einem Postamt stirbt, ein geliebtes Auto, einen verwundeten Raubvogel. Manche Rollen stellen eine künstlerische – wie würden *Sie* einen Couchtisch darstellen? –, andere eine eher emotionale Herausforderung dar. Playback-Schauspieler müssen auf alles gefaßt sein.

Einen Schauspieler für eine bestimmte Rolle auszuwählen, ist ein intuitiver Prozeß. Mit dem Bild seines Freundes oder von sich selbst oder von wem auch immer im Kopf, betrachtet der Erzähler die Schauspieler und spürt intuitiv, wer von ihnen seinem inneren Bild am ehesten entspricht. Das muß sich nicht nach dem Aussehen, dem Alter oder dem Geschlecht der Person richten. So werden Frauen ausgewählt, um Männer zu spielen, und umgekehrt. Ein Schauspieler muß in der Lage sein, seine Rolle frei von Vorurteilen oder den Vorstellungen, die er von sich selbst hat, anzunehmen, was nicht immer eine leichte Aufgabe ist. Gelegentlich treffen Erzähler eine telepathische Wahl, wenn sie die Darsteller ihrer Geschichten auswählen, und bestimmen einen Schauspieler für eine Rolle, die, ohne daß der Erzähler es weiß, tatsächlich einen Teil des wirklichen Lebens des Schauspielers ausmacht. Das kann von Hilfe sein. Einmal geschah es, daß ein Erzähler eine Schauspielerin auswählte, die als Oberschwester auf einer Station für Neugeborene arbeitete. Sie sollte die Hebamme in einer Geburtsszene spielen.

Bisweilen sind die Parallelen zwischen Rollen und dem eigenen Leben auch schmerzlich. Ich erinnere mich an eine Szene, in der eine Zuschauer-Schauspielerin mutig die Rolle einer Mutter übernahm, deren Sohn bei einem Motorradunfall getötet wird, und erst später offenbarte sie, daß sie selbst ihren Sohn auf diese Weise verloren hatte. Eine Frau, deren Kindheit von ihrem gewalttätigen Vater beherrscht wurde, sollte ein mißbrauchtes Kind darstellen, ein Schauspieler, der an Aids litt, sollte jemanden spielen, der an Aids stirbt.

Verlangt man damit von Playback-Schauspielern zuviel? Schließlich ist es wichtig, daß die Arbeit für die, die sie ausführen, ebenso wohltuend ist wie für die, denen sie dargeboten wird. In dieser Art Theater darf das Wohlbefinden eines Schauspielers nicht dem Erfolg einer Darstellung geopfert werden.

Einem Playback-Schauspieler steht es frei zu sagen: »Nein, tut mir leid, ich kann diese Rolle nicht spielen.« Ich habe dies einige

Male erlebt und erinnere mich, als ich vor vielen Jahren selbst einmal eine Rolle ablehnen mußte. Ich hatte gerade eine Freundin verloren, die sich das Leben genommen hatte, und sollte eine Frau spielen, die sich auf die gleiche furchtbare Art umgebracht hatte. Das passierte, als wir gerade die ersten Erfahrungen mit dem Playback-Theater machten. Seitdem brauchte ich nie mehr eine Rolle abzulehnen, auch wenn ich wie alle Schauspieler gelegentlich sehr schwierige Rollen zu spielen habe. In der Zwischenzeit habe ich wie die meisten Playback-Schauspieler die Erfahrung gemacht, daß durch die Arbeit meine persönlichen Möglichkeiten zunahmen und daß ich die Kraft und das Einfühlungsvermögen hatte, jede Rolle zu übernehmen, ohne daß sie mich in Gefahr brachte.

Auf der anderen Seite können Rollen auch schwierig sein, weil sie so weit von den Erfahrungen und der Persönlichkeit eines Schauspielers entfernt sind. Ein schüchterner Mann wird Schwierigkeiten haben, sexy zu sein, wenn eine Rolle es verlangt. Ein Kunstlehrer wird sich sehr anstrengen müssen, wenn er einen forschen Geschäftsführer spielen soll.

Die Rolle, die die meiste Kraft erfordert, wird herkömmlichen Schauspielern nur selten abverlangt, nämlich sie selbst zu sein. Playback-Schauspieler aber beginnen und beenden eine Vorstellung als sie selbst. Zwischen den Szenen befinden sie sich auf der Bühne und sind Andy, Nora und Lee. Es ist nicht einfach, auf der Bühne vollkommen man selbst zu sein, vor allem, wenn man sich in einem Zustand zwischen Aufnahmebereitschaft und Spontaneität befindet, der schwer im Gleichgewicht zu halten ist. Man weiß nicht, wie die Geschichten aussehen werden; man kann für eine Rolle ausgesucht werden, bei der man seine schauspielerischen Fähigkeiten entfalten kann, aber auch für eine, die schmerzlich ist oder enttäuschend klein; oder man wird gar nicht ausgewählt. Ganz gleich, was geschieht, in fünf bis zehn Minuten ist die Szene vorbei, und schon muß man alles, was in einem aufgewühlt wurde, loslassen und sich der nächsten Geschichte öffnen.

Playback-Schauspieler müssen in ihren Emotionen und Ausdrucksformen sehr flexibel sein, was im Bewußtsein ihres Selbst wurzelt. Niemand ist je frei von den Merkmalen seiner Persönlichkeit oder von Lebensproblemen. Schauspieler jedoch, die sich selbst gut kennen, können in sich für jede Rolle die Quelle finden. Sie können sich tief in eine Figur hineinversetzen und die ganze Intensität, die die Geschichte fordert, freilegen und am Ende der Szene die Figur hinter sich lassen. Wie ein Turner entwickeln sie Kraft und Beweglichkeit, allerdings setzen sie eher Emotionen und Ausdruckskraft ein als Muskeln.

Wie machen sie das? Meine erste Beobachtung war, daß das Playback-Theater ungewöhnlich reife und großzügige Menschen als Schauspieler anzieht. Jonathan Fox spricht von der Kraft des »citizen actor«, der Playback-Theater erlernt und spielt, nicht weil er Karriere machen möchte, sondern weil er sich berufen fühlt, und dessen Spiel von den Erfahrungen eines Lebens bereichert wird. Zum zweiten sind für Playback-Gruppen bei der Wahl neuer Mitglieder emotionale Reife und Selbstbewußtheit wichtige Eigenschaften. Drittens werden gerade diese Eigenschaften durch die Arbeit gefördert. Man kann nicht jahrelang in der wohlwollenden Atmosphäre des Playback Geschichten anhören oder seine eigenen erzählen, ohne zu mehr Selbsterkenntnis, Toleranz und Liebe zu gelangen.

Ausdruck und Spontaneität

Die Schauspieler müssen nicht nur für jede Rolle offen sein, sie sollen dieser Rolle auch vollen Ausdruck verleihen. Sie müssen die Figur oder das Element in der Szene *sein* und Handlungen, Worte, Bewegungen und Laute finden, diese Figur oder Elemente so getreu wie möglich zum Leben zu erwecken. Anfängern kann diese Aufgabe schwierig und entmutigend erscheinen. Oft sind neue Playback-Schauspieler vorsichtig, ihren Körper oder ihre Stimme einzusetzen. Sie neigen dazu, in die stereotypen Darstellungen zurückzufallen. Sie sagen zum Beispiel, sie seien einfach nicht in der Lage, einen sadistischen Friseur oder eine Krankheit zu spielen.

Sie lernen es jedoch. Jede Übung im Playback, ob in einem eintägigen Workshop oder in den Monaten nach Eintritt in die Gruppe, gibt den neuen Schauspielern eine Chance, ihre Spontaneität in einer Umgebung zu erkunden, die sie akzeptiert und ihnen hilft. Zu jeder Probe und jedem Workshop gehören Spiele und Aufwärmübungen, die die Beteiligten dazu einladen, neue Ausdrucksdimensionen zu probieren. Man entdeckt immer mehr Möglichkeiten des Ausdrucks und verwendet diese zunehmend beim Spielen der Rolle, für die man in den Szenen ausgesucht wird.

Eine Aufwärmübung heißt »Sound and Movement« (Ton und Geste)[1] Dabei stehen wir alle in einem Kreis. Der Leiter sagt: »Alle bringen nacheinander jeweils einen Ton hervor und machen dazu eine bestimmte Bewegung. Ihr könnt alles machen, aber es muß kurz sein. Danach wiederholen wir es alle zusammen.« Eine Schauspielerin beginnt. Sie bewegt ihre Arme wellenartig um den Körper, dabei kreischt sie wie eine Sirene. Sie kommt zum Ende, und nach einer kleinen Pause ahmen alle »Sound and Movement« nach. Der nächste im Kreis ist neu dabei. Er zögert. »Mir fällt nichts ein«, sagte er verlegen. »Nicht denken!« sagt der Leiter. »Laß einfach deinen Körper irgend etwas tun.« Wieder zögert er, dann bewegt er die Arme wie Vogelflügel und macht kleine Zwitschergeräusche. Es ist sehr einfach, und es ist nicht viel, aber es genügt, und wir schließen uns alle an. In den folgenden Wochen ist er in der Lage, Laute und Bewegungen zu machen, zu denen er sich nie für fähig gehalten hätte. Seine Freiheit und Verspieltheit wächst, seine Vorsicht nimmt ab.

Es gibt unzählige Aktivitäten, die Playback-Gruppen benutzen, um die Ausdrucksfähigkeit der Schauspieler zu fördern – unzählig deshalb, weil durch die Spontaneität dieser Arbeit bei fast jeder Probe neue Ideen entstehen. Es ist in hohem Maße befriedigend, auf diese Weise über sich selbst hinauszuwachsen, die Grenzen dessen, was man an Bewegungen, Interaktionen und Lauten vollbringen kann, auszuweiten und die Angst, lächerlich zu erscheinen, abzuwerfen und durch die Freude über unseren eigenen Erfindungsreichtum den der anderen zu ersetzen. Keith Johnstone sagt in seinem Buch IMPROVISATION UND THEATER: »… das Wunderbarste bei der Improvisation ist der Kontakt zu Menschen, deren Vorstellungskraft anscheinend keine Grenzen kennt.«[2]

In einer anderen Gruppe, deren Mitglieder seit sechs Jahren zusammenarbeiten, machen sie die Aufwärmübungen in einer weiterentwickelten Form von »Sound and Movement«. Ein Schauspieler betritt die Mitte des Kreises. Er folgt den Impulsen seines Körpers und seiner Gefühle, bewegt sich hier- und dahin, und dabei fliegen seltsame stimmliche Laute durch den Raum. Nach und nach nimmt seine Bewegung Form und Rhythmus an, und ein zunehmendes Gefühl des Zorns kommt zum Ausdruck. Er brüllt, wedelt mit den Armen und stampft auf wie ein in Wut geratener Gorilla. Dann nimmt er Blickkontakt mit einer Frau im Kreis auf. Sie ahmt alles nach, was er tut. Eine Minute lang vollführen sie einen wilden Tanz, dann tauschen sie mitten in der Bewegung die Plätze. Die Frau setzt seine Bewegung fort, dann aber fängt sie an, ihren Körper nach dessen eigener innerer Notwendigkeit zu bewegen, bis die Gesten und Töne, die sie hervorbringt, ihre eigenen sind. Sie wählt eine andere Frau aus, die sich ihr anschließt, und der Zyklus beginnt von neuem.

Bis zu diesem Zeitpunkt, wo das Geschehen in der Kreismitte zu Ende geht, haben einige Gruppenmitglieder sehr starke Gefühle durchlebt und geäußert. Sie haben geschluchzt, gelacht, geschrien. Jahre des Vertrauens haben diesen Kreis zu einer geschützten Arena gemacht, in der alles zum Ausdruck gebracht werden kann. Indem die Schauspieler ohne Vorbehalte ihren Körper einsetzten, haben sie bewußt tiefen Empfindungen den Weg geebnet. Diese Intensität bringt niemanden aus der Fassung. Wenn es vorbei ist, holen sie tief Atem, entspannen sich, legen vielleicht den Arm um die Schulter des Nebenmanns und sind bereit, weiterzumachen.

Verbotene Zonen

Etwas, was im Verlauf einer Playback-Übung stets geschieht – und dies ist einer der Gründe, warum manche Leute sich lieber nicht auf dieses Terrain wagen –, ist, daß Handlungen als akzeptabel gelten, die in anderen Zusammenhängen ziemlich grob oder verrückt wirken würden. Wenn man Spiel und Spontaneität freien Lauf läßt, werden auch düstere und ungezügelte Energien freigesetzt, die wir sonst vor anderen und auch vor uns selbst zu verbergen suchen. Im privaten Rahmen des Playback-Proberaums kann man erleben, wie man Dinge tut und sagt, über die die Nachbarn und Tante Betty sich schrecklich aufregen würden.

Es besteht ein Zusammenhang zwischen Vertrauen und der Entstehung einer Gruppe. Niemand ist bereit, sein Ansehen zu gefährden, solange er sich nicht bei den Menschen seiner Umgebung sicher fühlt. In der ersten Gruppe brauchten wir mehrere Jahre, um dieses Stadium zu erreichen. Als wir es erreicht hatten, weitete sich der Wirkungskreis für unsere Gruppenkreativität enorm aus, genau wie die Ausdrucksfähigkeit eines jeden von uns größer wurde. Einige von uns wurden von dieser regelmäßigen Gelegenheit, sich im Spiel von Absurdität und Groteske zu üben, förmlich abhängig. Es war ein heilendes Gegengift gegen die Verrücktheit der »wirklichen« Welt.

Wir sind alle ziemlich normale, verantwortlich handelnde Personen und durchaus in der Lage, wenn es notwendig ist, konventionelle Zurückhaltung an den Tag zu legen. Zügellosigkeit ist bei Aufführungen nicht zu bemerken. Die größere Freiheit während der Proben führt jedoch dazu, daß wir uns, wenn wir öffentlich Geschichten aus dem Publikum spielen, frei genug fühlen, alle unsere Ausdrucksfähigkeiten zur Verfügung zu stellen.

Das Gespür des Schauspielers für Geschichten

Wie wir in Kapitel 2 gesehen haben, hängt die Wirkung einer Playback-Szene in hohem Maß von dem Gespür ab, das die Schauspieler für die Geschichte haben, von ihrem ästhetischen Gespür für die Form und die archetypische Gestalt der Geschichte. Dieses ästhetische Gespür muß im Dienst eines einfühlsamen, beinahe intuitiven Verstehens dessen stehen, was im Erlebnis des Erzählers wesentlich ist. Beide Elemente sind für den Erfolg einer Playback-Szene unverzichtbar.

In einem Playback-Workshop erzählt eine Frau eine Geschichte über ein Kind, mit dem sie kürzlich in einer psychiatrischen Klinik gearbeitet hat.

»Diese Geschichte handelt von Sam, der elf Jahre alt ist. Er machte während der Therapie deutliche Fortschritte, und sie beschlossen, ihn zu entlassen. Leider schickten sie ihn zurück zu seiner Mutter.

Sie ist todkrank und nicht in der Lage, sich richtig um ihn zu küm-
mern. Sie leben in einer sehr armen Gegend in der Stadt, wo es eine
Menge Drogen und Gewalt gibt. Ich hatte Angst um ihn, und ein
paar andere im Krankenhaus auch. Wir konnten aber nichts ma-
chen, nachdem die Entscheidung, ihn zu entlassen, getroffen worden
war. Das war vor drei Wochen.« Die Erzählerin macht eine Pause
und bedeckt ihr Gesicht mit den Händen. *»Vor ein paar Tagen hör-*
ten wir, daß er von einigen älteren Jugendlichen überfallen wurde,
die Feuerwerkskörper für den 4. Juli bei sich hatten. Sie warfen ihm
einen brennenden Knallfrosch ins Gesicht, und Sam wurde schwer
verletzt. Seine Sehkraft ist dauerhaft geschädigt und sein Gesicht vol-
ler Narben. Ich komme mir so hilflos vor. Alles, was wir für ihn ge-
tan haben, war wertlos, als die Behandlung eingestellt wurde.«

Bei der Umsetzung waren sich die meisten Schauspieler darüber
einig, was der Kern dieses Erlebnisses war. Im Mittelpunkt der
Geschichte stand für sie die Trauer der Erzählerin, Sam nicht vor
seinem Schicksal bewahrt zu haben. Einer der Schauspieler aber,
der einen der brutalen Teenager spielte, gab der Sache eine ganz
andere Richtung. Er spielte seine eher unwichtige Rolle sehr do-
minierend und begann ein Spiel mit der Darstellerin der Erzählerin, in dem aus der ganzen Sache die Geschichte einer Straßen-
bande wurde, die Sam zum Ungehorsam gegen seine Mutter ver-
leiten will. Seine Lesart der Geschichte brachte die Szene aus
ihrem ästhetischen Gleichgewicht, das sich bisher entwickelt hatte. Die Wirkung der Darstellung auf die Erzählerin wurde ge-
stört, und sie erkannte ihre Geschichte darin nicht wieder.

So wurde durch ein falsches Verständnis dessen, was das Erlebnis für die Erzählerin bedeutete, die Wirkung der Darstellung
zerstört. Es kann immer geschehen, daß die Quintessenz einer
Geschichte verfehlt wird, allerdings passiert dies weitaus seltener,
als man annehmen könnte. Wenn es geschieht, dann gibt es zu-

meist einen Grund dafür, etwas, was die Sensibilität des Schauspielers blockiert. In diesem Fall war der Schauspieler jemand, der, wie er nachher selbst sagte, gerne im Mittelpunkt des Geschehens stand und mit kleineren Rollen Probleme hatte. Schauspielern zu der Flexibilität und Bescheidenheit zu verhelfen, die notwendig ist, um Playback-Arbeit zu machen, kann zu den Aufgaben der Gruppen gehören.

Manchmal treffen die Schauspieler das Wesentliche einer Geschichte gefühlsmäßig, scheitern aber, wenn sie eine Form für ihre Darstellung finden sollen. (Musik kann sehr hilfreich sein, wie wir in Kapitel 6 sehen werden.) Oft sind die Konturen einer Geschichte am Anfang und am Ende am schwächsten. In ihrem Drang, den Höhepunkt zu erreichen, überspringen die Schauspieler manchmal das entscheidende Stadium, in dem die Szene für das Folgende vorbereitet wird. In einer Geschichte über eine furchterregende Begegnung auf einer dunklen Straße hasteten die Schauspieler auf diese Begegnung zu, und sie wirkte dadurch weniger dramatisch, als hätten sie zuerst die dazu im Kontrast stehende Sicherheit im Zuhause des Erzählers dargestellt. Ein Ende zu finden kann auch schwierig sein. Man braucht einigen Mut, um zu wissen, daß die letzten Worte gesprochen sind, die Geschichte erzählt ist und alles weitere sie schwächer machen würde.

Es verlangt Übung, um mit diesen Aspekten der Playback-Arbeit umzugehen. Aber, wenn sie Geschichte um Geschichte erzählen und spielen, erlernen die Schauspieler die doppelte Fähigkeit, einfühlsam zuzuhören und ein rohes Stück Leben in eine klare Form zu bringen. In der Mischung von Anerkennung und Motivation, die sie weitermachen läßt, spielen Kunst, Begeisterung und die Freude, etwas zu geben, alle eine Rolle.

Ich habe einmal erlebt, wie ein relativ unerfahrenes Playback-Team ein meisterhaftes Niveau erreichte, und zwar durch Großzügigkeit. Bei einer Probe machte Tim einen verstörten und traurigen Eindruck. Er wurde aufgefordert, den Grund zu erzählen, falls er dies wolle, und er sagte, genau vor einem Jahr sei seine Schwester gewaltsam ums Leben gekommen. Er erzählte von dem Kampf zwischen täglichen Pflichten und seinem Wunsch, sich in seinen Kummer zurückzuziehen. Von Sorge und Zuneigung ergriffen, spielten die Schauspieler seine Geschichte mit einer ästhetischen Anmut, Wahrhaftigkeit und Sparsamkeit, wie sie diese vorher nie erreicht hatten. Am Ende machte sich die Schauspielerin, die den Erzähler spielte, von dem Schauspieler, der Tims Gefühl von schrecklichem Verlust verkörperte, frei. Sie griff auf das Ausdrucksmittel des Monologs zurück und sagte mit Tränen in den Augen: »Ich frage mich, ob ich es durchhalten werde.« Niemand versuchte zu antworten. Niemand versuchte, Tims Schmerz zu besänftigen. Mit diesem letzten Satz drückten sie Tims Leid ungemildert, wie es ist, aus.

Teamwork

Viele der Faktoren, die wir in diesem Kapitel behandelt haben, spielten für den Erfolg dieser Szene eine Rolle. Die Ausdrucksfähigkeit und Spontaneität der Schauspieler befähigten sie voll und ganz, die Rollen, für die sie ausgewählt wurden, zu verkörpern, obwohl manche nicht einfach waren. Sie hatten die Bedeutung von Tims Erlebnis klar erfaßt und waren in der Lage, sie in Form einer Geschichte wiederzugeben. Ein weiterer wichtiger Faktor spielte eine Rolle: die Fähigkeit der Gruppe, kreativ zusammenzuarbeiten.

Zur Improvisation gehört der Mut, aufgrund eigener Impulse und Inspirationen zu spielen, selbst wenn man versucht ist, sie zu ignorieren oder zu zensieren. Man muß aber ebenfalls bereit sein, auf die Impulse und Inspirationen aller anderen einzugehen. Keith Johnstone beschreibt diese Dialektik mit der Metapher von Angeboten, die entweder angenommen oder abgelehnt werden. Wenn man kein Textbuch zur Verfügung hat, kann eine Szene nur aus einer Reihe von Angeboten bestehen. Beim Playback-Theater kennen wir im Unterschied zu anderen Formen der Improvisation zumindest die Grundzüge einer Geschichte. Dennoch wissen wir nicht genau, wie sie sich entwickeln wird, bevor es tatsächlich geschieht. In der oben erwähnten Szene begann einer der Schauspieler, Dennis, die Handlung, indem er Angela anrief, die den Erzähler spielte. »Drring! Drring!« Ganz gleich, wie sich die anderen Darsteller den Beginn der Szene dachten, sie mußten nun Dennis' Angebot des Telephonanrufs annehmen. Hätte Angela dies ignoriert, um auf ihre eigene Art zu beginnen, hätte sie das Angebot blockiert und damit nicht nur für Verwirrung gesorgt, sondern den Eindruck erweckt, das Spiel aufzuhalten.

Jeder Vorwärtsschritt in einer Szene stellt in gewisser Weise ein Angebot dar. Jedes Angebot ist ein Test für die Bereitschaft eines Spielers, etwas einzuleiten und etwas anzunehmen. Das schwierigste Angebot, das es anzunehmen gilt, ist der letzte Satz, der im allgemeinen von dem Darsteller des Erzählers gesprochen wird. Bist du in deiner Nebenrolle fähig, dies als die letzten Worte gelten zu lassen? Kannst du deine Ohren für die subtile Modulation des Endes öffnen? Wer daran gewöhnt ist, darauf zu lauschen, kann diesen Moment nicht verfehlen.

Stimme und Sprache

Die Werkzeuge des traditionellen Darstellers – Benutzung der Stimme, des Körpers, des Raums – sind auch im Playback-Theater wichtig. Für Playback-Schauspieler, die in der Regel nicht vom Theater kommen, erfordert es oft mehr Mut als Technik, den richtigen Gebrauch der Stimme zu lernen. Die Ambivalenz eines unerfahrenen Schauspielers zeigt sich oft an seiner fast unhörbaren Stimme: »Ich bin hier auf der Bühne, aber bitte bemerkt mich nicht.«

Eine Übung, die den Leuten hilft, diese Art von Schüchternheit zu überwinden, beginnt, indem sich alle in zwei Reihen Zeh an Zeh gegenüberstehen. Jedes Pair soll nun einen Dialog von zwei Zeilen erfinden. Das Gesagte muß nicht von tiefer Bedeutung sein, es muß nicht einmal einen Sinn haben. Dann sagen wir alle zugleich unsere beiden Zeilen, sehr leise. Wir treten einen Schritt zurück, und die Dialoge werden wiederholt, diesmal ein bißchen lauter. Der Prozeß wird fortgesetzt, bis sich die beiden Reihen jeweils am anderen Ende des Raumes befinden und ihre Zeilen so laut wie möglich herausschreien, um den Lärm zu übertönen. Ein jeder schreit nicht nur laut, sondern gestikuliert auch wild, der ganze Körper ist an dem Bemühen, sich mitzuteilen, beteiligt. Dann bittet der Leiter jedes Pair einzeln, seinen Dialog laut hinauszuschreien. Die Schauspieler werden noch von dem Moment des Gruppencrescendos getragen, ihre Befangenheit verschwindet, zumindest vorübergehend. »Sagen Sie Ihrem Hund, er soll mich in Ruhe lassen!« brüllt der erste. »Ich habe die Kartoffeln anbrennen lassen«, schreit sein Partner zurück. Und so geht es weiter.

Wenn die Leute die anfängliche Angst, gehört zu werden, überwunden haben, sind sie bereit zu lernen, ihre Stimme ertönen zu lassen und das Sprechtempo so zu bestimmen, daß sie von jedem Zuhörer vernommen werden können. Einer der Gründe, warum dieser Aufgabe beim Playback-Theater ein solches Gewicht beigemessen wird, liegt darin, daß es schwer ist, selbstsicher zu sprechen, wenn das Gesagte von einem selbst stammt und an Ort und Stelle erfunden wird und man nicht die sorgfältig gewählten Worte eines Meisterwerks spricht. Was, wenn sie dumm klingen? Oder wenn einer der Mitspieler im selben Augenblick zu sprechen beginnt? Wie jedes künstlerische Ziel beim Playback-Theater wird die Frage der Stimme und der Sprache zu einer Frage der Intuition und des Vertrauens innerhalb der Gruppe.

Und da ist die ästhetische Herausforderung. Playback-Schauspieler müssen Sprachkünstler sein, müssen den Dialog, der die Geschichte erzählt, selbst schaffen, und dies mit soviel Einfühlungsvermögen, ästhetischem Gespür und soviel Sparsamkeit wie möglich. Es kommt selten vor, daß Sprache als einziges Mittel eingesetzt wird, und manchmal kann man auf sie verzichten, wenn eine Szene nur mit Hilfe von Mimik und Bewegungen gespielt wird. Aber meistens steht das gesprochene Wort im Brennpunkt der Darstellung. Die Sprache kann lässig oder naturalistisch sein oder poetisch erhöht. Bei den Fluid Sculptures und Pairs können sparsam und vorsichtig ausgewählte Worte eine künstlerische Ergänzung der Handlung sein, wie eine elliptische, an Anspielungen reiche Wortzeile auf einem Gemälde.

In unserer Gruppe gab es zwei oder drei, die sprachlich begabt waren und immer Worte fanden, präzise, unverbraucht und aussagekräftig. Die Stärken von anderen lagen in der Bewegung oder der phantasievollen Bühnenausstattung. Obwohl es für jeden wichtig ist, in gewissem Maße alle diese Fähigkeiten zu besitzen, ist es für eine Gruppe insgesamt von Vorteil, wenn jedes Mitglied das eigene besondere Talent nutzen kann.

Der Körper

Die körperliche Beschaffenheit eines Schauspielers ist ein weiterer wichtiger Aspekt. Playback-Proben, Workshops oder Aufwärmübungen vor den Aufführungen beginnen mit anspruchsvollem Körpertraining, um die Kräfte des Körpers, seine Emotionen, seine Ausdrucksfähigkeit zu wecken. Wir arbeiten auch daran, eine große Vielfalt von Positionen und Gesten zu entwickeln, damit sie uns bei unserer Aufgabe, verschiedene Rollen zu übernehmen, zur Verfügung stehen. Wir entdecken, daß Figuren durch den Körper und die Stimme Gestalt annehmen – und umgekehrt. Wenn man eine ungewohnte Haltung einnimmt – zum Beispiel, indem man die Brust aufbläht und herausstreckt – und so umhergeht und den Rest des Körpers sich anschließen läßt, wie er möchte, dann entdeckt man bald, daß man anfängt, sich innerlich genau wie jemand zu fühlen, der sich so bewegt und dessen Stimme und Gedanken vielleicht ganz anders sind als die eigenen. Da man von seinem eigenen Körper und den eigenen kinästhetischen Assoziationen abhängt, kann man herausfinden, daß man sich fühlt wie ein muskulöser Lastwagenfahrer, eine vollbusige Schönheit oder ein schüchterner Fünfjähriger.

Sich als Playback-Schauspieler mit seinem eigenen Körper wohl zu fühlen, schließt die Bereitschaft ein, andere zu berühren und von ihnen berührt zu werden. Bei den Fluid Sculptures und Pairs, bei denen der ästhetische Erfolg von der sichtbaren organischen Verbindung zwischen den Schauspielern abhängt, ist dynamischer Körperkontakt von großer Bedeutung. In einer Fluid Sculpture bringt Ginny das Gefühl eines Erzählers, seelisch bedrückt zu sein, zum Ausdruck, indem sie sich über Nicks Körper beugt. Neben der Erfahrung, die sie abbilden, existiert natürlich die Tatsache, daß dieser Mann und diese Frau sich auf intime Weise berühren. Sie spüren gegenseitig Gestalt, Form und Gewicht ihrer Körper. Sie müssen sich dabei wohl fühlen, müssen in der Lage sein, mit jeglicher Art von Gefühlen umzugehen, die durch eine solche Intimität an die Oberfläche kommen können. Oft verlangen Szenen von den Darstellern, körperlich ebenso wie durch Bewegung und Dialog zu interagieren – manchmal kraft-voll, manchmal zärtlich. Streiten, körperliche Liebe, das Strei-cheln von Kindern und Tanzen sind Teil des Lebens. Wir müssen in der Lage sein, solche Augenblicke wiederzugeben, wenn sie in einer Erzählung vorkommen.

Die Fähigkeit, in engem körperlichem Kontakt zu arbeiten, ist auch eine Funktion der Gruppenbildung. Es ist Zeichen eines be-stimmten Maßes von Vertrauen, wenn die Schauspieler sehen, daß sie um der Ausdruckskraft willen in der Lage sind, ihren Kör-per mit dem des anderen interagieren zu lassen.

Der Raum und Requisiten

Die Arena des Schauspielers ist die Bühne. Im Playback-Theater gibt es oft keine richtige Bühne, sondern nur einen leergeräumten Platz in einem Zimmer. Wir müssen einen Weg finden, ihn in die magische Zone zu verwandeln, in der alles Denkbare geschehen kann. Das »Bühnenbild« hilft uns dabei – der bunte Requisiten-baum, die Stühle und Kisten und Instrumente umgeben einen einladend leeren Raum (s. Kapitel 7). Es ist wichtig für die Schau-spieler, sich einiger grundlegender Regeln der Schauspielkunst bewußt zu sein, wie die Wirkung des Spiels durch die Art, wie man den Raum nutzt, beeinflußt wird. Manchmal gibt der Leiter während der Befragung ein paar allgemeine Hinweise: »Gut, die Zirkusarena ist dort« und zeigt auf das hintere Ende der Bühne, »die Ambulanz hier« und weist auf den vorderen Bereich der Bühne, wo auch der Erzähler sitzt. Meist aber müssen die Schau-spieler selbst die Aufteilung der Bühne bestimmen und dabei die Kisten und Stoffrequisiten verwenden und dann das Handlungs-geschehen innerhalb dieses rudimentären Bühnenbilds choreo-graphieren. Anders als im normalen Theater muß bei der Plazierung der Szenen auf zwei Sichtachsen geachtet werden, die des Erzählers und die der Zuschauer. Aus diesem Grund beginnen viele Szenen hinten links, bewegen sich immer weiter auf den Erzähler zu, so daß der Höhepunkt und das Ende vorn rechts stattfinden.

Die Requisiten sind, wie wir gesehen haben, nichts anderes als ein paar Kisten – entweder Flaschenkästen aus Plastik oder eigens gefertigte Holzkisten – und eine Sammlung von Stoffbahnen, die nach Farben und Gewebe ausgesucht wurden. Manche der Stoffe haben ein Loch für den Hals oder Löcher für die Augen. Vielleicht gibt es auch welche mit Schlaufen an den Ecken, durch die die Schauspieler ihre Hände stecken können, um das Tuch als Flügel zu benutzen. Durch Erfahrung haben wir allerdings herausgefunden, daß Stoffe um so ausdrucksstärker und vielfältiger einsetzbar sind, je weniger sie präpariert wurden. Wenn die Phantasie der Zuschauer mitspielt, kann ein Stück Stoff ein überzeugendes Brautkleid oder Tierfell sein. Und die Kisten können zu durchaus glaubhaften Fernsehern, Geburtstagskuchen oder Sandburgen werden.

Im allgemeinen werden die Stoffstücke eher genutzt, um Stimmungen zu erzeugen, denn als Kostüme. Einer der Fehler, den neue Schauspieler oft machen, ist der übermäßige Gebrauch von Stoff; sie hüllen sich in Stoffstücke, ganz gleich, welche Rolle sie spielen. Dabei wird ein Darsteller, der eine Mutter spielt, nicht dadurch glaubwürdiger, daß er sich ein Stück Stoff um die Hüften bindet, das eine Schürze oder einen Rock andeuten soll. Der Wunsch, so etwas zu tun, hat oft mit der Unsicherheit eines neuen Schauspielers zu tun. Sich während der Vorbereitungen am Requisitenbaum zu schaffen zu machen, kann den Beginn der Szene hinauszögern, außerdem fühlt man sich in einem Kostüm sicherer als ohne. Erfahrenere Schauspieler verwenden Stoff nur sehr sparsam, meistens um irgendwelche Stimmungen zu erzeugen und ein Element der Geschichte zu verdeutlichen. Ein langes Stück schwarzen Stoffs, das zwischen zwei Schauspielern zusammengedreht wird, kann eine zerstörerische Bindung in einer Familie darstellen. Spielt jemand eine Figur, die von anderen Menschen getrennt ist, kann er seinen Kopf mit übereinandergelegten dünnen Stoffstücken bedecken und sie, während er lernt, nach außen zu gelangen, eines nach dem anderen abnehmen.[3] Auch die Kisten können im übertragenen Sinn gebraucht werden – als Podest für einen überheblichen Arzt, als Käfig für ein ängstliches Kind.

Einige Überlegungen zu Kunst und Stil

Ein zehnjähriges Mädchen erzählt, wie es mit acht Jahren von zu Hause weggelaufen ist. Wir sehen die Darstellerin der Erzählerin und ihre Freundin im Wald spielen; dort finden sie eine alte Hütte und versuchen, sie anzuzünden. Und als der Besitzer kommt und sie erwischt, überzeugen sie ihn von ihrer Unschuld. Auf der anderen Seite der Bühne fragt sich die Mutter, wo ihre Tochter bleibt. Sie schaut aus dem Fenster, steht an der Haustür und ruft ihren Namen. Sie wird immer unruhiger, ruft die Polizei und berichtet vom Verschwinden ihres Kindes. Diese beiden Szenen werden nebeneinander und kontrapunktisch gespielt, bis die Polizei die Kinder findet und sie nach Hause zur Mutter bringt, die zugleich zornig und erleichtert ist, und die beiden Szenen werden zu einer.

Diese Szene hat eine Technik verwendet, die wir *Focus* nennen. Die Schauspieler stimmen ihre Handlungen und Dialoge so ab, daß die Aufmerksamkeit der Zuschauer von einer Miniszene zur anderen hin- und hergelenkt wird. Die Schauspielerin, die die Erzählerin darstellt, und die der Mutter sprechen ihre Gedanken laut aus, und sie sprechen mit den anderen Figuren. Aber jede der beiden Gruppen macht regelmäßig eine Pause, um der anderen Raum zu geben. Die Wirkung ist ein bißchen so, als würde man einen Scheinwerfer oder eine Filmkamera abwechselnd von einem Teil der Handlung auf den anderen richten.

Bei vielen Szenen gibt es gleichzeitige Handlungen an mehr als einem Ort. Die Fähigkeit, den Focus zu bewegen, trägt dazu bei, die Szenen zu dramatisieren.

Ein Playback-Team hat die Wahl, die Handlung irgendwo im Spektrum zwischen Realismus und Abstraktion anzusiedeln. Bei dieser Art von Theater geht es immer um die subjektive Realität der Erfahrung des Erzählers, und so gibt es sehr viel Raum für einen freien Umgang mit äußeren Details. Je nach Bedeutung der Geschichte können ihre Besonderheiten verkürzt oder übertrieben dargestellt werden (zum Beispiel die Verlängerung der nackten Begegnung in Elaines Geschichte in Kapitel 2). Ein Ereignis kann auch in ein anderes Medium übersetzt werden. Auf einem Kongreß von Musiktherapeuten mußten die Schauspieler etwas über eine Musiktherapie-Sitzung spielen. Anstatt die Therapie nachzuspielen, was vor einer Zuhörerschaft von Experten kaum überzeugend hätte gelingen können, verwendeten die Darsteller den Tanz als Metapher, um die gemeinsame kreative Interaktion von Therapeut und Krankem zu übertragen.

Bei der abstrakten Darstellung zu weit zu gehen, kann gefährlich sein. Die Geschichte ist wichtiger als alles andere. Wenn sich die Schauspieler in die Sphäre symbolischer Handlung begeben, kann das Wesentliche eines erzählten Erlebnisses verlorengehen. Die Bedeutung der Erfahrung läßt sich nur mit den Ereignissen der Geschichte wiedergeben, wo sie geschah, wann sie geschah, wer beteiligt war und was die Beteiligten taten und sagten.

Oft wird eine Geschichte von einer Kombination aus Wörtlichem und Abstraktem getragen. Manchmal werden, wie wir gesehen haben, Schauspieler ausgewählt, um unbelebte oder nicht-körperliche Elemente des Erlebnisses darzustellen. Eine Technik basiert auf der Idee des griechischen Chors, die *Stimmungsskulptur*. Hierbei arbeiten zwei oder drei Schauspieler eng zusammen, um in Ton und Bewegung wichtige Dynamik und Präsenz auf die Bühne zu bringen, die die Haupthandlung entweder verstärken oder kontrastieren. Sie stehen nebeneinander, nehmen visuelle oder akustische Zeichen von dem Darsteller, der in der Mitte der Stimmungsskulptur steht, entgegen und agieren als Einheit. Wie bei den Pairs akzeptieren die Zuschauer die Illusion, daß die Stimmungsskulptur in gewisser Weise Teil des Erzählers ist. In einer Szene über die heimliche Liebe zu einem hübschen Mädchen aus dem Physikkurs stellen sich drei Schauspieler hinter den Darsteller des Erzählers. Er gibt vor, ganz cool zu sein und das Mädchen kaum wahrzunehmen. »Hi, tut mir leid, ich habe deinen Namen nicht verstanden.« Hinter ihm aber windet sich die Stimmungsskulptur in den Qualen jugendlicher Begierde.

Wie weit kann ich gehen?

Es ist nicht einfach für einen Schauspieler, der Versuchung zu widerstehen, während der Befragung seinerseits Fragen zu stellen. Man hat leicht das Gefühl, nicht genug Informationen zu haben. Jedoch sagt man nichts, weil man weiß, wie undramatisch es wäre, das zarte Netz der Erwartung, das gerade gewoben wird, zu zerreißen. Man hat außerdem gelernt, daß es so etwas wie genug Information nicht gibt. Am Ende ist man immer auf sein Einfühlungsvermögen, seine Intuition und Kreativität angewiesen.

Wenn man nicht alle Details kennt, muß man sie erfinden. Oft haben die Schauspieler Angst, das Falsche zu sagen oder zu tun, den Erzähler zu verletzen oder das Ziel weit zu verfehlen. Aber auch bei unerfahrenen Schauspielern geschieht dies nur selten. Aus welchem Grund? Weil die prinzipielle Großzügigkeit der Schauspieler es ihnen ermöglicht, sich auf ihre Intuition zu verlassen, und meistens bleiben die Phantasiesprünge, die sie tun, den Erlebnissen des Erzählers treu, entweder im übertragenen Sinn oder wörtlich, selbst wenn das eine oder andere Detail im Interview gar nicht vorgekommen ist. Oft sagt der Erzähler am Ende einer Szene Dinge wie: »Woher wußten Sie, daß mein Lehrer dauernd über den Zweiten Weltkrieg sprach?« oder: »Wir haben *tatsächlich* Gurken gepflanzt. Das hatte ich ganz vergessen.«

Wenn ein Detail einem Erzähler allzu falsch erscheint, hat er immer Gelegenheit, dies am Ende einer Szene zu sagen. Aber er wird nicht verletzt oder beleidigt sein, weil die Absicht der Schauspieler deutlich darauf abzielt, seiner Geschichte und nicht ihrem Ego oder dem Wunsch des Publikums nach Unterhaltung zu dienen. Gewöhnlich ist der Erzähler zufrieden, daß er die Chance hatte, das Gesehene zu kommentieren, doch der Leiter kann die Schauspieler auch bitten, die Szene neu zu spielen und dabei die Korrekturen zu berücksichtigen.

Mit Phantasie Dinge zu erraten, um eine Szene anzureichern, ist nicht dasselbe wie eine Interpretation oder Analyse der Geschichte des Erzählers, obwohl der Grat zwischen beidem manchmal sehr schmal ist.

Playback-Theater kümmert sich um den Reichtum einer Geschichte, die einzelnen Ereignisse und das subjektive Erleben des Erzählers. Es ist nicht angebracht, wenn der Leiter oder die Schauspieler deutlich machen, was sie für die dahintersteckende psychologische Bedeutung halten. Wenn sie die Geschichte so würdigen, wie sie erzählt wurde, liegt Weisheit in ihrem Spiel, und wenn der Erzähler bereit ist, dann wird er oder sie das Spiel gern akzeptieren.

Der Lohn des Schauspielers

Für die meisten Playback-Schauspieler ist die Arbeit weder glanzvoll, noch zahlt sie sich materiell aus. Warum bleiben sie dann doch oft Jahre dabei? Wie ich weiter oben sagte, ist Playback-Theater von seinem Wesen her für alle Beteiligten eine segensreiche Umgebung. Das Training und die Proben tragen zur Entwicklung der Persönlichkeit bei, weil alle stetig zu mehr Ausdrucksfähigkeit und Selbsterkenntnis gelangen. Dies geschieht auch, indem sie eigene Geschichten erzählen, alte und neue, tiefsinnige, schmerzliche, dumme und triumphierende. Die Grenzen ihrer Persönlichkeit werden durchlässig und sogar überschritten, wenn die Schauspieler versuchen, durch ihre Rollen in den Geschichten anderer Menschen neue Arten des Seins auszuprobieren. Es kann wunderbar sein, in einen ganz unerwarteten Teil seiner selbst vorzudringen – in der Rolle des Weiberhelden der Skipiste zu glänzen, wenn man im echten Leben seine Sexualität nicht offen zeigt.

Man lernt Fertigkeiten, die man auch in vielen anderen Zusammenhängen nutzen kann. Playback-Schauspieler, die auch im traditionellen Theater spielen, bringen eine tiefere Menschlichkeit in ihre Rollen. Therapeuten und Lehrer eignen sich für ihre Arbeit hilfreiche Perspektiven und Techniken an. Schriftsteller und Künstler verfeinern ihren ästhetischen Sinn und können reiches Material sammeln. Und jeder kann die Lektionen des Gebens und Nehmens, des Anbietens und Nicht-Abblocken bei der Improvisationskunst der Kommunikation anwenden.

Die Schauspieler erfahren die einzigartige Befriedigung, jemandes Geschichte zum Leben erweckt zu haben; zu wissen, daß die eigene Kreativität der Juwelenschleifer war, der die subtile Schönheit der Geschichte des Erzählers freigelegt hat. Diese Aufgabe haben alle gemeinsam erfüllt. Man ist Teil eines Teams. Die gemeinsame Aufgabe, das unberührte Land, das man zusammen betritt, verbindet wie Waffenbrüder. Anders als bei den Soldaten geht es allerdings nicht darum, Leben zu zerstören, sondern darum, es zu preisen.

Anmerkungen

1 Diese Übung und eine Reihe anderer Playback-Verfahren wurden durch Joseph Chaikins Arbeit im OPEN THEATRE angeregt, obwohl seine *Sound-and-Movement*-Übung der später beschriebenen, weiterentwickelten Version ähnlicher war. In dem Buch REFERENCES AND SOURCES werden verschiedene Quellen für Theaterspiele genannt.

2 Keith Johnstone, IMPROVISATION UND THEATER, Berlin 1993, S. 169.

3 Manche Gruppen haben den Eindruck, daß ihr Spiel durch Stoffrequisiten eher überladen als bereichert wird und verzichten ganz darauf.

4 Ursprünglich wurde sie *lineal* genannt; in ihrer weiterentwickelten Form ist die *Stimmungsskulptur* ein Chorus, S. 54.

5. LEITEN

In den ersten Jahren unserer ursprünglichen Gruppe war immer Jonathan der Leiter. Nachdem wir unsere »Erster Freitag im Monat«-Serie begonnen hatten, war er einmal einen Abend abwesend. Kein Problem – wir beschlossen, daß einer der Schauspieler die Veranstaltung leiten sollte.

Es war ein Fiasko. Ich erinnere mich, mit welchem Mißbehagen ich vom Platz des Musikers aus zuschaute und versuchte, alles in meiner Macht Stehende zu tun, um zu helfen; aber die Schauspieler, der Erzähler, die Zuhörer und vor allem der unglückselige Leiter versanken allesamt im Morast. So lernten wir, daß es sorgfältiger Vorbereitung bedarf, um diese Rolle zu übernehmen. Was Jonathan mühelos beherrschte, entpuppte sich für die meisten anderen, auch für die, die ihn oft gesehen hatten, als eine Reihe spezialisierter und komplizierter Aufgaben.

Der Begriff des »Leiters« ist in zweifachem Sinn zu verstehen. Einmal ist damit der Orchesterdirigent gemeint, der eine Gruppe von Spielern führt, damit sie zusammenarbeiten können und die Dinge, die sie gemeinsam schaffen, eine Form erhalten und gestaltet werden. Zum anderen geht es um das Leiten der Energie zwischen allen Anwesenden. Der Leiter ist der Weg, der Kanal, über welchen die Zuschauer und Schauspieler einander begegnen können. Die Arbeit des Leiters hat noch einen dritten Aspekt: eine Reihe von intimen, wenn auch kurzlebigen Beziehungen zu den Erzählern aufzubauen.

Die drei Bereiche – die Geschichte, das Publikum, der Erzähler – verlangen alle ganz verschiedene Aufgaben und Rollen. Als Leiter muß man in der Lage sein, sich gewandt zwischen ihnen zu bewegen, wobei man oft mehrere zugleich bewältigen muß. Man muß wahrscheinlich in verschiedenen Momenten eine Art Zeremonienmeister, Regisseur, Therapeut, Darsteller, Showman, Schamane, Clown und Diplomat sein. Kaum jemand ist in jeder dieser Rollen des Leiters gleich gut. Man muß sich bewußt in den Bereichen, in denen man nicht besonders stark ist, weiterentwickeln. Ein glänzender Showman muß lernen, wie ein Therapeut zuzuhören. Jemand, der eine Geschichte mit der Präzision eines Dichters erzählen kann, muß sich darin üben, diplomatisch zwischen Menschen zu vermitteln.

Im nachhinein betrachtet ist es nicht überraschend, daß mein armer Freund damals Schiffbruch erlitt. Mit Training und Erfahrung aber ist es durchaus möglich, in die Rolle des Leiters hineinzuwachsen.

Der Leiter als Zeremonienmeister:
sich um das Publikum kümmern

Als Leiter hält man das gesamte Geschehen in einer metaphorischen Umarmung – freundlich und fest. Man ist der Bevollmächtigte, die Hauptperson der spielenden Gruppe. Man ist dafür verantwortlich, daß sich die Zuschauer wohlfühlen, daß ein grundlegender Standard von Respekt und Sicherheit gewahrt wird, daß neu Hinzugekommene begreifen, was Playback-Theater ist und was von ihnen erwartet wird. Es muß einem Spaß machen, im Mittelpunkt zu stehen und die Achse zu sein, um die sich die gesamte Aufführung dreht. Man muß gleichzeitig autoritativ und unterhaltend sein. Es kann vorkommen, daß man schwierige Entscheidungen treffen muß. Welchen Erzähler soll man aussuchen, wenn mehrere eine Geschichte anbieten? Wenn die beiden ersten Erzähler Männer sind, soll man sich dann bemühen, für die dritte Geschichte eine Frau zu finden? Gibt es unter den Zuschauern Gruppen, die als solche wahrgenommen werden wollen? Soll man der Bitte um »noch eine letzte Geschichte« nachgeben, wenn das eigene Zeitgefühl und dramatische Gespür einem sagen, daß es Zeit ist, aufzuhören?

All dies sind Aspekte der Aufgabe eines Leiters, der sich um das Publikum kümmern muß. Wenn man eine Playback-Veranstaltung leitet, die keine Aufführung ist, sondern ein Workshop oder eine Übungsgruppe, sind die Probleme mehr oder weniger dieselben. Man muß auch hier die Bedürfnisse einer größeren Gruppe berücksichtigen.

Ich leite eine kurze Aufführung als Teil einer Präsentation für einen Kongreß von Leuten, die im Bereich der Erholungstherapie arbeiten. (Wir werden in diesem Kapitel dreimal auf diese Show zurückkommen, um die drei Aspekte der Arbeit des Leiters zu betrachten.) Die Zuschauerzahl ist gering, es sind etwa 15 Leute, von denen noch niemand vorher Playback-Theater gesehen hat. Um alle aufzuwärmen, auch uns selbst, laden wir die Zuschauer ein, sich mit uns im »Bühnen«-Bereich, das heißt im vorderen Teil des Raums, im Kreis aufzustellen. Ich bin froh, daß sie meist Trainingshosen oder Jeans tragen, die für unser Vorhaben geeigneter sind als die einengende förmliche Kleidung, die sonst für Kongreßteilnehmer typisch ist. Ich spüre, daß ich sie auffordern kann, sich zu bewegen. Zusammen machen wir eine Runde »Klang und Bewegung«. Manche Leute können aus sich herausgehen und sich ausdrücken, andere sind scheu. Aber alle beteiligen sich. Wir stellen uns vor, nennen unsere Namen und etwas, was wir mögen. »Kleine Kinder«, sagt eine Frau. »Schokolade!« sagt ein anderer. Ich stelle fest, daß sie entspannt wirken und guter Dinge sind. Manche scheinen Freunde oder Kollegen zu sein, andere haben sich erst während der vier Tage des Kongresses kennengelernt. Die Frau, über die der Kontakt zustande gekommen war, ist auch da. Sie hat mir schon erzählt, wie schwierig und anstrengend es war, diesen Kongreß zu organisieren.

Die Teilnehmer setzen sich, und wir fangen an. Ich erzähle ihnen kurz, was Playback-Theater ist, und skizziere den Plan für unsere Veranstaltung. Ich erzähle ihnen, daß unsere Gruppe diese Arbeit ein paar Jahre lang mit verhaltensgestörten Kindern gemacht hat. »Wenn Sie es einmal selbst ausprobiert haben«, sage ich, »können Sie überlegen, wie Sie es bei ihren eigenen Patienten anwenden.«

»Heute ist der letzte Kongreßtag. Wie war der Kongreß für Sie?«

Als Leiterin muß ich in diesem Augenblick dazu beitragen, daß sie in dieser Zeit und an diesem Ort, an dem wir versammelt sind, ganz präsent sind, um an dem, was wir erschaffen werden, mitzuwirken, ganz gleich, was es ist. Ich weiß, daß es bei diesem Prozeß hilfreich sein kann, auf konkrete Sorgen und Probleme einzugehen. Wenn ich Fragen stelle, auf die sie gern antworten, die nicht bedrohlich oder unverständlich sind, kann ich anfangen, ihnen zu vermitteln, daß sie sich hier sicher fühlen und uns ihre Geschichten anvertrauen können.

Mehrere Leute beginnen zu antworten, darunter Carla, die den Kongreß organisiert hat. Es ist immer gut, wenn man Gelegenheit hat, auf Leute einzugehen, die im Zentrum des Geschehens stehen. Sie haben gute Verbindungen zu den meisten Anwesenden, und ihre aktive Teilnahme kann den anderen Mut machen.

»Ich finde ihn großartig, bin aber *so* froh, daß er bald vorbei ist«, sagt Carla.

»Schauen Sie mal!«

Die Schauspieler bilden eine Fluid Sculpture, und Carla nickt heftig. Jetzt haben alle das Wesentliche des Playback-Verfahrens gesehen, die Übersetzung von persönlichem Erleben in Drama.

»Wie war das Essen?« Lachen und Stöhnen. (Warum stelle ich gerade diese Frage? Teilweise vielleicht, weil es bei der Einstimmung schon thematisiert wurde; außerdem weiß ich aus Erfahrung, daß Essen oft ein gutes Thema für den Aufbau einer Gruppe ist. Ich folge nicht diesen konkreten Gedanken – eher flüchtigen Eindrücken.)

Das Essen im Hotel war offenbar ziemlich enttäuschend. Die Zuschauer johlen zustimmend, als die Schauspieler sich auf der Bühne krümmen und würgen.

Wir zeigen noch eine oder zwei Fluid Sculptures, dann bitte ich um eine Geschichte. Um die Teilnehmer auf diese Phase vorzubereiten, nehme ich mir ein paar Minuten Zeit. Während ich spreche, gehe ich auf der Bühne auf und ab. Ich wende mich mit meiner Stimme, meinen Bewegungen an sie, versuche, mit allen Blickkontakt aufzunehmen. Ich weiß, daß alles, was ich in diesem Moment sage oder tue, wenn ich es richtig mache, dazu beitragen kann, daß die Gruppe mir vertraut. Es kann auch den magischen Prozeß in Gang setzen, der Gedächtnis und Gefühl anregt und Geschichten ans Licht bringt.

»Alles, was Sie erlebt haben, kann eine Playback-Geschichte sein – etwas, was heute geschah, etwas über Ihre Arbeit, Ihre Kindheit, ein Traum, sogar etwas, woran Sie nur denken und was noch gar nicht geschehen ist.«

Eine Frau hebt ihre Hand. »Ich habe eine gute Geschichte«, sagt sie und sieht sich nach ihren Freunden um, damit diese sie ermutigen. Als sie erfährt, daß sie sich auf den Erzählerstuhl auf der Bühne setzen muß, ist ihr unbehaglich zumute. Ihre Freunde drängen sie aufzustehen.

Ihre Geschichte handelt von einem immer wiederkehrenden Alptraum. Heute morgen wachte sie im Hotelzimmer auf, eine neue Version des Traums hatte sie in Panik versetzt. In diesem Traum ist ihr zehnjähriger Sohn verschwunden, und sie kann ihn nirgends finden. Wie viele neue Erzähler ist Carolyn empfindlich und versucht, damit fertigzuwerden, indem sie auf Lacher aus ist. Auch die Zuschauer sind nervös und bereit, alles lustig zu finden. Dabei ist es eindeutig keine lustige Geschichte. Ich trage ihrer ernsten Dimension Rechnung, indem ich selbst ernst bleibe und Fragen stelle, die auf die tiefere Bedeutung der Geschichte zielen.

Ich möchte erreichen, daß die Zuschauer beteiligt sind und sich einbezogen fühlen. Während Carolyn erzählt, wende ich mich immer wieder dem Publikum zu und wiederhole wichtige Informationen, damit Carolyn und ich nicht in einen Zweierdialog verfallen, der die anderen ausschließt. Ich suche nach Möglichkeiten, die anderen einzubeziehen. Offenbar hatte es gestern eine große Party gegeben. Bis drei Uhr morgens haben die Erzählerin und ihre Zimmergenossin gefeiert.

»Wer hat gestern noch gefeiert?« frage ich die Zuschauer. Die meisten Hände gehen nach oben, breites Grinsen zeigt sich auf den Gesichtern. (Auch zwei der Schauspieler heben die Hände. Auf unserem Weg zu dem Kongreß hatten sie von der Party gesprochen, auf die sie gehen wollten.)

Dies scheint mir eine gute Gelegenheit zu sein, die Zuschauer in die Handlung einzubeziehen. Ich fordere Carolyn auf, einen Kollegen zu bitten, die Rolle ihrer Zimmernachbarin im Hotel zu spielen. Sie sucht ihre Freundin Amy aus, die tatsächlich das Zimmer mit ihr teilte. An einem Punkt des Spiels bitte ich die Zuschauer, von ihren Plätzen aus die Rolle von Carolyns Nachbarn zu spielen, die ihr bei der Suche nach dem Kind halfen. Sie sind froh, dies tun zu können. Im richtigen Augenblick bringt einer von ihnen die Geschichte nach vorn, indem er sagt: »Ja, ich habe Ihren Sohn dort hinten gesehen.«

Am Ende der Szene fallen den Zuschauern zahlreiche Geschichten ein. Wenn wir mehr Zeit hätten, würde es viele weitere geben. Ich merke, daß wir weiterkommen müssen. Wir beenden die Darstellung mit einigen Pairs. Carolyns Geschichte hat uns ein starkes Thema geliefert.

»Wer sonst hat Kinder?« Viele Hände gehen in die Höhe, bei den Zuschauern wie bei den Schauspielern.

»Welche einander widersprechenden Gefühle, die Sie in verschiedene Richtungen treiben, haben Sie als Eltern erlebt?«

Wir bilden Pairs über die Erfahrung, daß man seine Kinder gern bei sich behalten will, sie aber gehen lassen muß. Dann bringe ich das Thema wieder auf den Kongreß. Ich bitte um zwei Gefühle, die sich auf die Arbeit als Erholungstherapeut beziehen und die das letzte Pair darstellen soll. Einer erzählt von der Befriedigung, welche diese Arbeit bringt, und andererseits von den Belastungen für das Privatleben, weil man auch nachmittags und abends arbeiten muß. Allgemeine Zustimmung. Als wir diese Polarität darstellen, lachen und applaudieren sie.

In unserer Veranstaltung kamen Darstellung und Anteilnahme, Ritual und Formlosigkeit zusammen. Jetzt, am Ende, stehen die Schauspieler und ich zusammen und verbeugen uns, während die Zuschauer applaudieren.

Der Leiter aus der Nähe: sich dem Erzähler widmen

In derselben Zeit, in der man seine Beziehung zu der Gruppe aufbaut – und in der sich ihre Beziehungen untereinander herstellen –, entwickelt man auch eine kurze, aber bedeutsame Beziehung zum Erzähler. Man ist in der paradoxen Situation, mit einer Person mitten in einem öffentlichen Geschehen privaten Kontakt aufzunehmen. Diese Beziehung ist hochempfindlich und verlangt eine ganz andere Art von Fähigkeiten.

»Ich habe eine gute Geschichte.«

Als Carolyn ihre Geschichte erzählt, achte ich von Anfang an darauf, alles zu tun, was mir hilft, ihr näherzukommen. Wir beginnen eine gemeinsame Arbeit. Wir haben uns noch nie gesehen. Ich muß ihr Vertrauen verdienen, wenn die Arbeit gelingen soll. Ich stelle fest, daß sie selbstbewußt ist, ein an Beachtung gewöhnter Mensch; dennoch ist sie nervös angesichts dieses neuen Risikos. Daß unsere beiden Stühle auf der Bühne so nah beieinander stehen, scheint sie zu beunruhigen.

Den meisten Leuten geht es ebenso. Sie haben einen als Darsteller gesehen, sich aus der Ferne an einen gewöhnt, und jetzt sitzt man so nah beieinander, daß man sich gegenseitig die Sommersprossen zählen kann. Ich bemühe mich, meinen Köper ruhig zu halten, damit sie sich wohler fühlt. Ich beuge mich nicht zu ihr hinüber und lege auch nicht den Arm um ihre Stuhllehne, was ich bei einem Erzähler, den ich schon kenne, vermutlich tun würde. Ich stelle meine Stimme und Bewegungen auf sie ein, sie ist kurz angebunden und geschäftsmäßig.

»Sie sind Carolyn, stimmt's?« Gott sei Dank kann ich mich noch an ihren Namen erinnern.

Ihre Geschichte ist stark, sie hat das allgemeine Thema der Angst einer Mutter um ihr Kind zum Gegenstand. Ihre Angst ist sehr echt, auch wenn es sich nur um einen Traum handelt. Später berichtet sie, das Erzählen und Betrachten ihrer Geschichte hätten sie aufgewühlt, doch während sie neben mir sitzt, hält sie ihre Gefühle beinahe ganz verborgen.

Es ist nicht ungewöhnlich, daß ein Erzähler tief berührt ist, wenn er seine Geschichte dargestellt sieht. Manchmal ist schon das Erzählen schmerzlich. Der Leiter muß darauf eingerichtet sein, Unterstützung und Trost zu bieten, zu vermitteln, daß Tränen und Zorn berechtigt sind, daß wir alle, Spieler und Zuschauer, Geduld für einen Erzähler haben, der Zeit braucht, um die richtigen Worte für etwas zu finden, was sich an die Oberfläche kämpft.

Bald nachdem Carolyn angefangen hat, von ihrem Traum zu erzählen, unterbreche ich sie. »Einen Moment, Carolyn. Können

Sie einen der Schauspieler aussuchen, der in der Geschichte Ihre Rolle spielen soll?«

Die Unterbrechung bewirkt zwei Dinge: Die Geschichte wird sofort in den Bereich einer gemeinsamen schöpferischen Arbeit mit mir und den Schauspielern getragen. Von nun an wird Carolyn – genau wie das Publikum – im weiteren Verlauf der Befragung sich die Handlung vorstellen, die in ein oder zwei Minuten beginnen wird. Während sie spricht, schaut sie die Schauspieler an, sieht ihren Sohn, sich selbst, und den Kidnapper auf ihren Gesichtern.

Meine Unterbrechung dient außerdem dazu, zu vermitteln, daß ich da bin, um das Erzählen der Geschichte zu lenken. Dies ist eine freundliche Art, auf die Autorität des Leiters hinzuweisen. Obwohl ich mit den anderen Darstellern in künstlerischer Partnerschaft stehe und wir alle, auch das Publikum, an diesem Ereignis mitwirken, hält der Leiter sozusagen die Zügel in der Hand. Für den Erzähler wie für die Zuschauer muß der Leiter eine bestimmte Kraft ausstrahlen. Wenn der Erzähler unsicher oder verwirrt ist, muß ich das Erzählen der Geschichte lenken und viele Fragen stellen. Jemandem wie Carolyn, die ihrer selbst und der Geschichte sicher ist, stelle ich weniger Fragen. Wie man dies zum Ausdruck bringt, hängt in bestimmtem Maß davon ab, wer der Erzähler ist, aber auch von dem eigenen Stil. Jemand, der reif und sicher wirkt, braucht weniger Autorität als jemand, der verwirrt scheint und dem es an Orientierung fehlt. Man darf jedoch nie vergessen, daß jeder, der in einem solchen öffentlichen Rahmen eine persönliche Geschichte erzählt, verletzlich ist und sich ausgeliefert fühlt. Deshalb sind Klarheit und eine gewisse Strenge auf seiten des Leiters immer notwendig.

Um zu einer Zusammenarbeit zu finden und das Erzählen der Geschichte zu strukturieren, muß der Leiter die Erzählung unterbrechen können. Für viele ist es nicht einfach, diese Rolle zu spielen, vor allem für freundliche, aufmerksame Menschen, die zu Recht stolz darauf sind, einfühlsame Zuhörer zu sein. Aber in diesem Zusammenhang zu unterbrechen bedeutet nicht, grob zu sein. Man kann eine notwendige Unterbrechung mit einer kurzen Berührung von Knie oder Schulter begleiten und durch die Worte, den Ton und den Gebrauch des Namens des Erzählers unterstreichen, daß man es mit Respekt und Einfühlsamkeit tut.

Die Schauspieler bringen Carolyns Geschichte zu Ende. Jetzt richtet sich das Augenmerk wieder auf die Erzählerin. Dies ist erneut ein sensibler Moment, denn alle sehen sie an, um herauszufinden, wie sie auf die Szene reagiert. Wieder muß ich den richtigen Weg finden, ihr beizustehen. Sie soll wissen, daß ich da bin, um ihr zu helfen, mit ihren Reaktionen, ganz gleich, wie sie ausfallen, fertig zu werden. Die Darstellung hatte sehr viel Kraft, und ich merke, daß der Alptraum noch sehr frisch ist. Carolyn bleibt recht gefaßt. Doch trotz ihrer Zurückhaltung spüre ich, daß sie erschüttert ist. Sie freut sich über die Aufforderung, der Geschichte einen neuen Schluß zu geben.

Was geschieht, wenn der Erzähler unberührt bleibt oder sichtlich enttäuscht ist? Für das Playback-Team ist es wichtig, die Abhängigkeit von der Reaktion des Erzählers nicht zur Falle werden zu lassen. Wir können nur unser Bestes tun, in unserer respektvollen Art. Der Erzähler ist nicht hier, um eine Katharsis zu erleben oder seine Bewunderung auszudrücken. Es ist unsere Aufgabe zu vermitteln, daß wir ihn akzeptieren, unabhängig von der Reaktion des Erzählers. (In extrem seltenen Fällen hatten wir es mit Erzählern zu tun, die Menschen manipulieren oder auf neurotische Weise die Aufmerksamkeit auf sich ziehen wollten. In solch einem Moment muß der Leiter alles tun, um die Integrität der Playback-Gruppe zu schützen. »Es tut mir leid, wir sind nicht hier, um uns oder andere lächerlich zu machen. Wenn Sie ein wahrhaftiges Erlebnis erzählen wollen, können wir es für Sie darstellen, ansonsten ist der nächste Erzähler an der Reihe.«)

Wenn die Szene vorbei ist, stellt der Leiter dem Erzähler Fragen: »Wurde das, was geschehen ist, richtig erfaßt?« oder: »Wurde das Wesentliche Ihres Erlebnisses eingefangen?« Damit fordert er nicht zur Kritik auf, sondern ermutigt den Erzähler, auf die Punkte des Spiels einzugehen, in denen er sich am ehesten wiederfindet. Man weiß es wahrscheinlich ohnehin bereits. Wenn der Erzähler von der Szene angesprochen wird, ist er *im Wortsinne* bewegt, während er zuschaut. Sein Atem geht anders, vielleicht lehnt er sich nach vorn, nickt oder lacht. Ein Erzähler, der während des Spiels reglos dasitzt, ist vermutlich nur höflich, wenn er hinterher sagt: Ja, das war treffend. Sagt er nein, kann der Leiter die Schauspieler bitten, die Szene oder einen Teil von ihr neu zu spielen. Vielleicht genügt es auch, wenn er sagt, was fehlt. Manchmal sind Erzähler unzufrieden, auch wenn wir uns noch so sehr bemühen. Dann müssen wir mit dem für das Publikum, uns und den Erzähler entstehenden Unbehagen leben.

Carolyn macht keine Verbesserungsvorschläge. Aber ihre Geschichte lädt zur Transformation ein. Sie ist sehr konzentriert, als das neue Ende gespielt wird. Ich freue mich zu sehen, daß sie sich auf dem Erzählerstuhl immer wohler fühlt. Ich hoffe, wenn alles vorüber ist, freut sie sich, das Risiko eingegangen zu sein, und daß es sich für sie gelohnt haben wird, sich öffentlich zu entblößen, um ihre Geschichte zu sehen und eine veränderte Einstellung zu finden. Ich möchte, daß sie erkennt, daß ihre Geschichte auch ein Geschenk für die anderen war. Ich danke ihr im Namen von uns allen.

Carolyn geht zurück an ihren Platz, setzt sich zu Amy und redet ein paar Worte mit ihr. Jetzt gehören beide wieder zum Publikum.

Der Leiter als Regisseur: sich der Geschichte zuwenden

Wenn sich jemand auf den Erzählerstuhl setzt, hat er etwas im Sinn: eine Erinnerung, einen Traum, vielleicht eine Reihe von zusammenhängenden Ereignissen. Als Leiter muß man herausfinden, was es ist, um die Geschichte von der Erinnerung des Erzählers in die Öffentlichkeit zu bringen und ihr eine Form zu geben, bevor sie den Darstellern übergeben wird, um durch sie zu einem lebendigen Kunstwerk zu werden, das andere sehen, verstehen, an das sie sich erinnern und das sie verändern kann.

Durch die Fragen des Leiters wird das Erzählen der Geschichte strukturiert, so daß wesentliche Inhalte so ökonomisch wie möglich erzählt werden. Wir müssen die grundlegenden Dinge wissen – wo und wann das Ereignis stattfand, wer dabei war, was passierte. Manchen Erzählern genügt dies schon, für manche ist es nur Teil eines Prozesses, durch den eine eher diffuse Erfahrung näher beleuchtet wird.

»Ich habe immer das Gefühl, daß ich ein wenig außerhalb des Geschehens stehe, wie jemand, der zuschaut. Ich glaube, so fühle ich mich seit meiner frühen Kindheit.«

»Erzählen Sie uns von einem Mal, bei dem Sie sich so vorkamen. Wo waren Sie da?«

»Ich glaube, letzte Woche, als mein Onkel seine Pensionierung feierte.«

Jetzt haben wir den Keim einer Geschichte. Der Leiter kann herausfinden, was auf Onkel Neils Party geschah, und in der Wiedergabe dieses Moments klingen all die anderen Situationen an, in denen sich der Erzähler so fühlte.

Die Schauspieler müssen konkrete Einzelheiten erfahren, um zu wissen, was sie zu Beginn der Szene tun sollen. Die Geschichte braucht diese konkreten Züge, um ihre Bedeutung in eine kohärente Form zu gießen. Ohne grundlegende Informationen über das, was wann, wo und mit wem geschah, verliert sich die Geschichte in Verwirrung und Abstraktion.

Eine der ersten Fragen des Leiters wird wahrscheinlich sein: »Wo findet die Geschichte statt?«, bald gefolgt von der Frage: »Wann?« oder: »Wie alt waren Sie?« Zur selben Zeit trägt der Leiter die Befragung nach außen, indem er den Erzähler bittet, Darsteller für die wichtigsten Rollen auszuwählen. Manchmal ist der Erzähler überrascht: er hat die Schauspieler ganz vergessen. Doch von diesem Moment an denken er und die Zuschauer an die Handlung, die bald vor ihren Augen stattfinden wird.

Die Fragen des Leiters tragen nicht nur dazu bei, die Geschichte räumlich und zeitlich einzuordnen, sie wollen auch den Sinn des Erzählers für Geschichten entwickeln. Der Leiter fragt etwa: »Wie würden Sie die Geschichte nennen?« oder: »Wo endet die Geschichte?« Vielleicht hat der Erzähler in dieser Form noch nicht über das Erlebte nachgedacht. Wird er aber dazu aufgefordert, erkennt er plötzlich, daß dieses Stück Leben eine Form hat, einen Anfang, ein Ende und eine Bedeutung. Seine Kreativität wird durch eine Frage, die an seine Phantasie appelliert, noch weiter angeregt. »Wir wissen, daß Sie damals nicht dabei waren, aber was, glauben Sie, tat Dr. Fusco, als er Ihren Brief las?«

Wenn der Erzähler einen Schauspieler für eine Rolle in der Geschichte ausgewählt hat, bittet der Leiter den Erzähler normalerweise um eine Beschreibung dieser Person in einem Wort – nicht der äußeren Erscheinung, sondern der inneren Qualitäten. Dies ist besonders wichtig für Schauspieler, die nicht den Erzähler darstellen, weil die Geschichte über diese Nebenrollen nicht groß Auskunft gibt. Das eine Wort des Erzählers – manchmal sind es auch zwei oder drei – hilft dem Schauspieler, Zugriff auf die Rolle zu haben und trägt entscheidend zur Authentizität der Szene bei. Manchmal ist das Wort, das der Erzähler verwendet, überraschend und gibt der Geschichte eine unerwartete Wendung. Eine

Frau wählte einmal eine Schauspielerin aus, die ihre Mutter spielen sollte, als diese nach einer Familientragödie zu ihr gekommen war. Ihre Worte für ihre Mutter waren »kalt und distanziert«.

Ohne diese Information hätte die Schauspielerin die Mutter wahrscheinlich mit konventioneller mütterlicher Wärme und Besorgnis gespielt. Zu wissen, wer die Mutter war, trug dazu bei, daß wir alle mehr über die Erzählerin und die Bitterkeit ihrer Erfahrung wußten.

Manchmal ermöglicht das Wort des Erzählers über eine Figur oder sich selbst einen direkten Sprung ins Zentrum einer Geschichte.

»Ein Wort über das, wie die Geschichte auf *mich* wirkte? Ich war schockiert.«

»Worüber waren Sie schockiert?«

Wenn die Geschichte langsam Konturen annimmt, beginnt der Leiter die Dimensionen ihrer Bedeutung zu erkennen. Manchmal sind sie offensichtlich, manchmal eher verborgen. Der Leiter muß vielleicht seiner eigenen Neugier folgen, ein »naiver Befragender« sein, wie die australische Playback-Direktorin Mary Good diese Facette der Leiterrolle beschreibt.[1] Was wir suchen, ist Kontrast und Spannung zwischen den Elementen, durch die diese Erfahrung für den Erzähler so bemerkenswert, vielleicht sogar zu einer Erfahrung wurde, aus der er etwas lernte.

Ein Junge erzählte eine Geschichte darüber, wie sein Vater auf seine Geburtstagsfeier gekommen war. Woran er sich erinnerte, schien ein glücklicher Augenblick gewesen zu sein. Ich fragte ihn nach anderen Geburtstagen, und es stellte sich heraus, daß dies der einzige Geburtstag gewesen war, an dem er seinen Vater je gesehen hatte. Hierin lag die Dringlichkeit der Geschichte, deshalb mußte er sie erzählen.

Andererseits muß der Leiter auch erkennen, daß eine sehr einfache Geschichte, so wie der Erzähler sie erzählt, vollständig sein kann. Man muß nicht immer um mehr Intensität bemüht sein, wie der irregeführte Leiter, der die kleine Perle einer Geschichte Schicht um Schicht mit »psychologischen« Details zudeckte.

Die Essenz einer Geschichte bietet uns einen Kern, um den herum wir sie aufbauen können. Sie dient als Organisationsprinzip, das einer Geschichte nicht nur einen inneren Zusammenhang verleiht, sondern auch einen tieferen Sinn in die Szene bringen kann. Das ästhetische Gespür des Leiters für die Geschichte ist einer der wichtigsten Faktoren für den Erfolg einer Szene, Erfolg in Hinsicht sowohl künstlerischer als auch menschlicher Wahrheit, untrennbar, wie beides in dieser Arbeit ist.

Natürlich ist dies nicht nur Aufgabe des Leiters. Auch die Schauspieler hören mit größter Aufmerksamkeit zu. Besonders ein erprobtes Team wird das Spiel durch einfühlende und künstlerische Inspiration bereichern. Wenn man sich darauf verläßt, kann man ihnen großen Freiraum lassen, auszuwählen, wen und was sie darstellen wollen. Manchmal überlassen es die Leiter den Darstellern, zu entscheiden, welche Rollen sie spielen, anstatt den Erzähler aufzufordern, sie auszuwählen. Aber während die Darsteller künstlerische Freiheit gewinnen, verlieren sie gleichzeitig den Reichtum, der im intuitiven Auswahlverfahren des Erzählers liegt. Man kann einen kreativen Kompromiß finden, indem man den Erzähler die zwei oder drei Hauptrollen auswählen läßt. Dann können die Darsteller die Szene mit Rollen ergänzen, die ihr eigenes Verständnis von der Bedeutung der Geschichte nahelegt.

Da es sich um Schauspieler handelt, werden die Mitglieder der Gruppe auf jedes Element der Geschichte achten, das deren dramatische Kraft verstärkt. Dies bedeutet oft, der eigentlichen Geschichte eine Art Vorspiel oder Gegenstück hinzuzufügen. In der Geschichte über die Frau auf Dienstreise, die ein Ferngespräch mit ihrem Ehemann führt und durch das laute Liebemachen der

Leute im Nachbarzimmer abgelenkt wird, richtete der Leiter die Szene so ein, daß drei Orte gleichzeitig zu sehen waren – das Hotelzimmer der Erzählerin, das Zimmer des Liebespaars nebenan und das Schlafzimmer zu Hause, in dem der Ehemann gemütlich von Haustieren umgeben ist. Diese Szene war reich an Resonanzen und Kontrasten zwischen den drei Orten. Wir sahen die Sinnlichkeit der Liebenden, die andere Sinnlichkeit des Ehemanns gegenüber den sich balgenden Katzen und Hunden, die Einsamkeit der Erzählerin und die Andeutung auf ihr eigenes sexuelles Verlangen.

Das Gespür des Leiters für die Bedeutung einer Geschichte und ihre theatralische Wirkung bestimmt auch, welche nichtmenschlichen Rollen zu einer Szene gehören sollen. Ein Schauspieler kann jeglichen Gegenstand und jedes Tier, das von zentraler Bedeutung für das Wesen einer Geschichte ist, darstellen. Die Entscheidung hierzu kann entweder durch den Darsteller oder durch den Leiter getroffen werden. In einer Szene über einen Mann, der einen alten blauen Chevrolet, den er seit seiner Jugendzeit gefahren hat, verschrotten muß, spielt ein Schauspieler das Auto, erweckt es zum Leben und läßt es zum Gesprächspartner werden. Hätte es sich um eine Geschichte gehandelt, bei der das Auto selbst dem Erzähler nicht wichtig gewesen wäre, hätten wir keinen Darsteller für diese Rolle gebraucht.

Wie stark führt der Leiter die Schauspieler am Ende der Befragung? Sowenig wie möglich – je nachdem, wie erfahren sie sind. Den Darstellern die Geschichte zu übergeben ist ein ritueller Moment, ein dramatischer Sprung in das nächste Stadium. Bei diesem Übergang kann der Leiter die Schlüsselelemente der Geschichte zusammenfassen – »Wir werden gleich Mario sehen, der beschließt, sein Zuhause zu verlassen, danach seine Einsamkeit als Emigrant und dann den Augenblick im Park, als er die Melodie hört, die er aus seiner Kindheit kennt. Schauen wir es uns an.«

Wenn die Schauspieler noch Anfänger im Playback sind oder sich untereinander nicht kennen, werden sie eine solche Erinnerung an den Inhalt und die Abfolge der Geschichte vermutlich brauchen und vielleicht zusätzlich noch ein paar Vorschläge für ihr Spiel. Aber selbst bei unerfahrenen Darstellern muß der Leiter sich davor hüten, die Geschichte so ausführlich wiederzugeben, daß ihr die Schauspieler nichts mehr hinzufügen können. Der Leiter, die Schauspieler und der Musiker sind bei der Umsetzung der Geschichte in einer Szene Partner. Nach den Worten des Playback-Spielers und -Lehrers James Lucal ist »jeder verantwortlich für die ganze Geschichte«.

Mit einer erfahreneren Gruppe kann man, anstatt Details zu erwähnen, etwas sagen wie: »Dies ist die Geschichte eines Kreises zwischen der Vergangenheit und der Gegenwart. Schauen wir sie uns an.« Oder sogar einfach: »Das ist Marios Geschichte. Schauen wir sie uns an.« Als Leiter hat man ein Gespür dafür, wieviel Unterstützung die Schauspieler brauchen. Darüber hinaus ist das wichtigste, daß jeder der Beteiligten durch die Art, wie sich der Leiter gibt und wie er spricht, durch die einfache, beziehungsreiche und überlegte Sprache des Erzählers, die Fülle des Augenblicks erfaßt.

Alles zusammengenommen

Carolyn beginnt ihre Geschichte zu erzählen, noch bevor sie sich auf den Erzählerstuhl setzt.

»Es geht um einen Alptraum, den ich immer wieder habe. Ich hatte ihn auch heute morgen.«

Ich versuche, ihren Bericht zu verlangsamen, bitte sie, die Darsteller auszusuchen, wenn sie vorkommen, und lenke das Erzählen ihrer Geschichte so, daß die wesentlichen Details in möglichst wenigen Worten zum Ausdruck kommen und wir nicht von so vielen Informationen überflutet werden, daß für die Schauspieler nichts mehr zu tun bleibt.

In dem Traum befindet Carolyn sich in einem seltsamen runden Tunnel, der an eine U-Bahn-Station erinnert. Sie wartet auf ihren Sohn, aber er ist nicht da, und nirgendwo kann sie ihn finden.

»Wovor haben Sie am meisten Angst?«

»Ihn nie wiederzusehen.«

Ich frage sie etwas aus eigener Neugier: »Was glauben Sie in Ihrem Traum, wie Ryan sich fühlt?« Carolyn sieht ein wenig hilflos aus, bis ich ihr einige Möglichkeiten vorschlage.

»Glauben Sie, er hat die Zeit vergessen, oder ist er mit Absicht weggelaufen, oder hat er Angst?«

»Oh, er hat Angst, genau wie ich.«

So gelangen wir tiefer in die Geschichte hinein. Es stellt sich heraus, daß Carolyn irgendwie weiß, daß Ryan gekidnappt worden ist. Der Kidnapper kommt in dem Traum nicht vor, aber ich weiß, daß wir ihn oder sie auf der Bühne brauchen.

»Suchen Sie jemanden aus, der den Kidnapper spielen soll. Ist es ein Mann oder eine Frau? Wie ist diese Person?«

Carolyn hat darüber vorher nicht nachgedacht, aber als sie gefragt wird, wird die Persönlichkeit in ihrer Phantasie lebendig.

»Es ist ein Mann. Er ist grausam, ganz furchtbar. Es ist ihm gleich, wieviel Angst Ryan hat.«

In meinem Kopf nimmt die Geschichte Form an. Carolyn hat uns genug erzählt. Ich schaue hinüber zu den Schauspielern. Sie erwarten, daß ich die Geschichte zusammenfasse und ein paar Vorschläge für die Darstellung mache. Ich weiß aber, daß ich nicht viel hinzufügen muß.

»Wir beginnen in Carolyns Zimmer, hier im Hotel«, sage ich. Aus Erfahrung weiß ich, daß dies den Schauspielern, den Zuschauern und dem Erzähler hilft, in den Traum hineingezogen zu werden, wenn wir in der Realität des Wachzustands beginnen. Auf die gleiche Weise zu enden, sorgt nicht nur für künstlerische Einheit, sondern verhilft Carolyn dazu, auf angenehme und sichere Weise ins Hier und Jetzt zurückzukehren.

Ich rekapituliere kurz die Elemente der Geschichte. Dann wende ich mich an Carolyn. »Jetzt ist Ihre Arbeit vorbei, Carolyn.« Ich blicke zu den Zuschauern hinüber und sage: »Schauen Sie mal!«

In diesem Moment übernehmen die Schauspieler das Geschehen. Es ist nicht immer einfach, die Kontrolle aufzugeben, bis das Spiel vorüber ist. Aber jetzt darf der Leiter nur noch zusehen; er ist für den Erzähler da, was immer dessen Bedürfnisse oder Reaktionen während der Szene sind. Grundsätzlich mischt sich der Leiter nie in die Darstellung ein, selbst wenn er meint, daß die Schauspieler alles falsch machen, selbst wenn der Erzähler sich beklagt und neue Informationen hinzufügt. Es gibt immer eine Chance, Anmerkungen zu machen oder Änderungen vorzunehmen, wenn die Szene vorüber ist.

Diesmal aber arbeiten die Schauspieler vorzüglich. Wir erleben, wie sich die beiden Frauen im Hotelzimmer Gute Nacht wünschen, die müde, aber frohe Erinnerung an das abendliche Fest. Dann erklingen leise, tiefe Trommelschläge, und die Darstellerin der Erzählerin verläßt ihr Bett. Sie befindet sich im Traum. Sie ruft ihren Sohn beim Namen. Auf der anderen Seite der Szene nähert sich der Kidnapper dem Jungen.

»Komm mit mir, Ryan, komm mit mir!« Der Schauspieler, der Ryan darstellt, wehrt sich. Der Kidnapper wird bedrohlich. »Komm mit, deiner Mutter ist es egal, sie liebt dich doch gar nicht.« Er packt Ryan und zieht ihn gewaltsam mit sich fort. Die Mutter ruft weiter nach ihm. Ihre Angst wird immer größer, je vergeblicher die Suche ist. Ihre Stimme erhebt sich in panischem

Crescendo, bis sie schließlich in ihrem Hotelzimmer aufwacht. Ihre Zimmergenossin versucht sie zu trösten.

»Mein Gott, was für ein Traum«, sagt die Darstellerin der Erzählerin. »Warum, um alles in der Welt, träume ich das schon wieder?« Sie springt aus dem Bett. »Amy, ich komme gleich wieder, ich muß ihn anrufen.«

Carolyn neben mir ist überrascht. »Genau das habe ich getan«, flüstert sie mir zu, obwohl sie dieses Detail im Interview nicht erwähnt hatte. Die Szene ist zu Ende. Ich frage Carolyn, ob sie ihrer Geschichte entsprochen hat. »Auf jeden Fall«, sagt sie. Sie legt ihre Hand aufs Herz. »Uff!«

Ich habe den Eindruck, daß diese Szene vielleicht transformiert werden muß. Bei einer abendfüllenden Vorstellung könnte ich um andere Geschichten bitten, in denen die Rede davon ist, was in dieser ungelöst bleibt. Aber heute haben wir nur Zeit für eine Geschichte.

Ich sage: »Im Playback-Theater kann man den Gang der Dinge verändern. Möchten Sie, daß Ihre Geschichte einen anderen Ausgang nimmt?«

Ohne zu zögern, antwortet sie: »Ja, ich möchte ihn gerne finden, heil und unversehrt.«

Manchmal möchten Erzähler ihre Geschichten nicht verändern, selbst wenn es traumatische oder nicht abgeschlossene Erfahrungen sind. Manchmal können sie sich kein anderes Szenario vorstellen. Wir transformieren von uns aus nichts, bitten auch nicht die Zuschauer darum. Es muß spontan vom Erzähler kommen. Wenn es geschieht, kann es eine kraftvolle, erlösende Erfahrung sein, nicht nur für den Erzähler, sondern auch für jeden Anwesenden. Es ist nicht ein glücklicher Ausgang, den wir beschwören, es ist die ursprüngliche kreative Kraft des einzelnen, der Autor seiner oder ihrer Erfahrung zu sein.

Carolyn erzählt uns, wie sie den Traum geändert haben möchte. Es gibt keinen Kidnapper. Ryan hat einfach die Zeit vergessen, weil er mit seinem Freund spielte.

Wir wiederholen die Szene erneut, diesmal spielen die Zuschauer die Nachbarn, die Carolyn bei ihrer Suche helfen. Schließlich ist sie wieder mit ihrem Sohn vereint. Sie ist überwältigt von Erleichterung und dem Bewußtsein, wie kostbar er für sie ist – und sie ist auch verärgert. Aber sie umarmen sich, und so kommt auch diese Szene zum Ende.

Carolyn freut sich über die neue Version ihrer Erfahrung. Auch diesmal ist sie über eines der Details überrascht. »Woher wußten sie, daß Ryan dauernd Burgen baut?« Es ist von großem Vorteil, normale Menschen als Schauspieler zu haben, Leute, die vielleicht selbst Eltern sind und an vielen dramatischen Situationen, die Erzähler im Playback-Theater erzählen, teilhaben.

Es braucht Zeit und Übung, bis man in der Lage ist, allen Facetten der Aufgabe des Leiters gerecht zu werden und während der Veranstaltung vorsichtig von einem Aspekt zum anderen überzugehen. Wenn wir Leiter ausbilden, ermutigen wir die Leute immer, sich auf die Aspekte zu konzentrieren, die ihnen am leichtesten fallen – im allgemeinen die Beziehung zum Erzähler und zur Geschichte –, bevor sie versuchen, alles zu meistern. Was immer die besonderen Fähigkeiten oder Schwierigkeiten des Leiters sind, irgendwann wird er mit der Erkenntnis belohnt, daß seine inzwischen gut ausgebildeten Fähigkeiten die Zuschauer, den Erzähler und die Mitspieler befähigt haben, die befriedigende Erfahrung, die sie im Playback suchen, auch zu finden.

Anmerkung

1 Mary Good, The Playback Conductor: Or, How Many Arrows Will I Need? Unveröffentlichte Dissertation, 1986.

6. MUSIK IM PLAYBACK-THEATER

Beschäftigen wir uns mit einer anderen Szene: Es ist Zeit, die Aufmerksamkeit auf die Musik zu richten.

»Dies ist eine Art Reisegeschichte. Ich reise wirklich sehr gern, und bevor unsere Tochter geboren wurde, sind mein Mann und ich viel gereist. Wo immer wir auch hinkamen, ich wollte dort gern bleiben. In Irland, New Mexico, London – sie kamen mir, während ich dort war, wie die schönsten Orte vor, an denen man leben kann. Jetzt wollen wir nach Vancouver fahren, und Avery befürchtet, daß es mir dort wieder passiert – daß ich andauernd umziehen will. Neulich aber merkte ich, daß es mir jetzt anders geht. Ich bin froh, so zu sein, wie ich bin, ich mag mein Zuhause und meine Familie und meine Arbeit. Ich glaube, jetzt kann ich mich über andere Orte freuen, ohne in Versuchung zu geraten, meine Wurzeln zu verlieren.«

Während die Schauspieler langsam sich und die Bühne vorbereiten, spielt der Musiker auf der Blockflöte kurze Stücke. Die Melodie, in der verminderte Terzen vorherrschen, drückt ein Gefühl der Sehnsucht aus.

Die Schauspieler haben sich aufgestellt. Die Musik verstummt. Helen und Avery beginnen eine wilde Tour auf der Bühne, bleiben stehen, um mit dem Schauspieler zu tanzen, der Irland spielt, dann mit jemandem, der als der amerikanische Südwesten verkleidet ist. Jetzt spielt der Musiker am Keyboard einen Walzer, der an die Melodie der Flöte erinnert, aber in einer höheren Tonlage. An jedem Punkt, an dem es Zeit ist, zu gehen, wehrt sich Helen.

»Laß uns nach Dublin ziehen, Avery!« sagte sie. »Wir könnten in einem der malerischen kleinen Häuser leben und jeden Abend ins Pub gehen.« Avery zieht sie fort. Während sie ihre Reise fortsetzen, wird die Keyboard-Musik langsamer, kehrt wieder zu Moll zurück.

Helen schaut sehnsüchtig über ihre Schulter nach jedem Ort, den sie verlassen hat.

Der erste Teil der Szene geht zu Ende. Um den Übergang zum zweiten Teil deutlich zu machen, spielt der Musiker eine Variation des ersten Themas, wieder auf der Blockflöte. Jetzt ist Helen zu Hause und bereitet sich auf die Reise nach Vancouver vor. Sie sieht sich um. Der Musiker spielt sanfte, anhaltende Dinge auf dem Keyboard. Die offenen Harmonien liegen über einer tiefen Baßnote.

»Auf Wiedersehen, Haus«, sagt Helen, »Ich komme wieder, du wirst mir fehlen.« Sie geht zu Avery und sie tanzen davon, diesmal fröhlich und ohne Kampf. Der Musiker spielt dieselben Klänge in einem sanften Rhythmus. Dazu singt er: »Ich werde nach Hause kommen ...«

Musik im Theater

Musik hat eine einzigartige Fähigkeit, unsere Gefühlserlebnisse auszudrücken. Manchmal können nur wenige Noten unser Herz tiefer und schneller anrühren als jedes Wort. Wie unsere eigenen inneren Welten besteht Musik aus wechselnden kaleidoskopartigen Mustern und Veränderungen, die eine Richtung und Logik besitzen, die wir auch dann erkennen, wenn wir sie nicht in Worte fassen können.

Diese grundlegende Verbindung zwischen Musik und Emotion legt den Gebrauch von Musik im Theater nahe. Wie jeder Filmregisseur und Theaterregisseur weiß, kann Musik Stimmung erzeugen oder wirkungsvoll die Dramatik der Handlung steigern. Außer wenn sie auf allzu vorhersehbare oder geschmacklose Weise verwendet wird, werden wir von der Musik gefangen und ins Handlungsgeschehen hineingezogen.

Im Playback-Theater, in dessen Zentrum subjektive emotionale Realität steht, spielt die Musik eine besonders wichtige Rolle.[1]

Sie kann Atmosphäre schaffen, Szenen Form geben und vor allem die emotionale Entwicklung einer Geschichte vermitteln. Der Musiker hat wesentlich an der grundlegenden Aufgabe der Playback-Gruppe teil, ein Theater zu errichten, das jemandes echte Lebenserfahrung würdigt.

Musik für das Playback-Theater hat eine besondere Aufgabe, ihre eigenen Vorschriften und Techniken, die sich von der Musik im Texttheater und anderen Formen von Musikaufführungen unterscheidet. Wie das Spielen ist auch die Musik ein Geschenk an den Erzähler und die Zuhörer und kein Mittel, die Virtuosität des Musikers vorzuführen. Am Ende einer Aufführung spürt man als Musiker nicht ohne Wehmut, daß nur wenige Zuschauer das kreative und einfühlsame Spielen bemerkt haben. Die Befriedigung muß von dem Wissen kommen, daß die Macht der Musik gerade deswegen so stark ist, weil sie unabhängig davon wirkt, ob sie bemerkt wird oder nicht. Die Musik ist ein konstantes Element während der Aufführung, sie unterstützt, formt und bereichert alles, was geschieht.

Musik zu Beginn der Vorstellung

Neben ihrer expressiven Funktion während der Szenen selbst übernimmt die Musik eine spezielle Rolle bei den rituellen und zeremoniellen Aspekten einer Playback-Aufführung. Musik ist ein Teil der Eröffnung einer Veranstaltung; sie bündelt die Aufmerksamkeit der Zuschauer und kündigt an, daß sie jetzt ein Gebiet betreten, das sich vom Alltagsleben unterscheidet. Der Musiker spielt vielleicht ein kurzes Instrumentalsolo oder eine Improvisation, bei der die Schauspieler singen oder Schlaginstrumente spielen. Der Leiter und der Musiker können Wort und Musik abwechselnd einsetzen und damit am Anfang die Zuschauer gewinnen.

Wenn es Zeit ist, zur Handlung überzugehen, die mit einigen Fluid Sculptures beginnt, verschiebt sich der Zweck der Musik ein wenig vom zeremoniellen zum expressiven Modus. Jetzt muß die Musik die dramatische Wirkung der Fluid Sculptures zur Geltung bringen. Wie die zunehmende Aktion jedes Schauspielers beeinflußt auch die Musik deren sich herausbildende Form. Der Musiker reagiert auf das, was er sieht; die Schauspieler antworten auf das, was sie von ihm hören. Wenn es Zeit ist, aufzuhören, kann die Musik dazu beitragen, die Aktion auf dramatisch koordinierte Weise abzurunden, vielleicht mit einem anhaltenden Akkord oder dem leisen »Ding« einer tibetischen Glocke.

Musik während der Szenen: die Vorbereitung

Sobald das Interview zwischen dem Leiter und dem Erzähler vorbei ist, was durch das »Schauen Sie mal!« des Leiters angekündigt wird, beginnt der Musiker zu spielen, während die Darsteller schweigend die Bühne vorbereiten. Diese Vorbereitungsmusik kann im Ton neutral sein, sie kann aber durch eine besondere Stimmung schon auf das hinweisen, was kommen wird – sie kann unheilvoll, lyrisch, komisch und so weiter klingen. In einer Szene, in der die Erzählerin als Kind einen Schock erleidet, als sie einen Anfall ihrer Schwester miterlebt, beginnt die Einleitungsmusik mit einem langen hellen Ton auf der Geige. Diese Note gleitet in einer dissonanten Melodie nach unten, die ohne die Wärme eines Vibratos gespielt wird. Der beunruhigende, alptraumartige Effekt dieser Musik kehrt beim Höhepunkt der Szene wieder, wenn wir sehen, wie die Darstellerin der Erzählerin auf den Anfall ihrer Schwester mit Entsetzen reagiert.

Eines der wichtigsten Dinge während der Vorbereitung ist der Übergang vom realen Dialog zwischen Erzähler und Leiter zu

Theater. Die Musik trägt dazu bei, bei den Zuschauern eine Art Trancezustand hervorzurufen. Sie werden in einen Raum geführt, in dem sie die Welt betreten können, die die Schauspieler auf der Bühne heraufbeschwören werden.

»Wir werden noch eine Geschichte behandeln.« Ein Mann kommt auf die Bühne. Er erzählt, daß bei ihm vor zwei Jahren Aids festgestellt wurde. Ein Jahr später wurde sein Freund krank. Der Erzähler erlebte die Krankheit und den Tod seines Freundes. Die Zuhörer sind stumm und tief betroffen von der Geschichte dieses Mannes und seinem Mut, sie öffentlich zu erzählen. »Schauen Sie mal!« sagt der Leiter. Während die Schauspieler sich an ihre Plätze begeben, läßt der Musiker einen großen Gong ertönen. Der Klang ist laut und hallend, schockierend und unnachgiebig.

Für die Schauspieler hat die Einleitungsmusik eine praktische Funktion. Sie endet, wenn der Musiker sieht, daß alle ihre Position eingenommen haben und bereit sind, zu beginnen. Für Darsteller, die nicht die ganze Bühne sehen können, ist sie ein wichtiger Hinweis. Und sie ermöglicht es, daß das Spiel frisch und ohne Verzögerung beginnt. Einen Moment lang sind alle ruhig und schweigen, im nächsten Augenblick hat die Handlung begonnen.

Bei Aufführungen, in denen die Schauspieler sich besprechen, bevor sie mit einer Szene beginnen, wird die Musik während der Vorbereitung anders gehört. Ich war überrascht, als sich in Australien einige Playback-Musiker beklagten, daß man ihnen nicht zuhöre. Während sie redeten, wurde mir klar, daß sie von einer Situation sprachen, die ich nie erlebt hatte, obwohl ich selbst jahrelang Playback-Musik gemacht habe. Bei den Aufführungen ihrer Gruppe folgte auf das Interview ein Kriegsrat der Schauspieler. Für die Musiker war dies der Augenblick, in dem sie spielen konnten, ohne ihre Musik dem Geschehen auf der Bühne anzupassen, und ihre musikalischen Flügel ausbreiteten. Dann aber geschah es, daß die Zuschauer auf das Flüstern der Schauspieler hinten auf der Bühne reagierten und ihrerseits miteinander schwatzten und dabei dem armen Musiker nicht nur nicht zuhörten, sondern ihn fast übertönten. Wenn die Schauspieler bereit waren, anzufangen, wurden die Zuschauer wieder ruhig und aufmerksam.

Wenn hingegen die Schauspieler schweigend und ohne Diskussion beginnen, wird das Publikum vom Geheimnis des Augenblicks gebannt. Es ist schon in Trance. Dies ist ein Moment, wo die Musik wegen der gespannten Aufmerksamkeit des Publikums sehr zart und zurückhaltend sein kann im Gegensatz zu einer voll entwickelten improvisierten Eröffnungsmusik.

Während der Darstellung

Wenn eine Szene begonnen hat, kann man wählen, welche Elemente man besonders hervorheben will, wann man spielt, welche Instrumente man nimmt und so weiter. Man kann beschließen, Musik zu spielen, um das Erlebnis des Erzählers hervorzuheben; so kann man etwa schnelle, chaotische Phrasen spielen, wenn der Darsteller des Erzählers gehetzt von einer Verpflichtung zur nächsten läuft. Andererseits kann die Musik eine Dimension zum Ausdruck bringen, die von keinem der Schauspieler dargestellt wird. Vielleicht hat der Erzähler nur ein Gefühl angedeutet, und der Darsteller des Erzählers spielt eher so, wie dieser sich verhielt, denn wie er empfand. Am Ende einer Szene über eine harte Bestrafung in einem Pfadfinderlager drückte die Musik Charlies Gefühl des Schmerzes und der Demütigung aus, ein deutlicher Kontrast zu dem die Zähne zusammenbeißenden tapferen Jungen, den der Darsteller des Erzählers spielte.

In diesem Fall erinnerte uns die Musik auch an eine emotionale Realität, die der Schauspieler zu einem früheren Zeitpunkt der Szene ausgedrückt hatte. Die Musik spielte einen Refrain, der ein Element betonte, das wir bereits gesehen hatten. Diese Art der Wiederholung verstärkte die Stimmung, unterstrich aber auch die ästhetische Einheit der Szene.

Durch einen Wechsel oder eine Verstärkung dessen, was gespielt wird, kann Musik dazu beitragen, die Szene zum Höhepunkt zu führen. Abrupt einfach aufzuhören, kann starke Wirkung erzielen. Auf plötzliche Stille reagieren die Schauspieler meist, indem sie die Szene auf das hinbewegen, was als nächstes geschehen soll. Durch Verlangsamen der Musik und das Spielen von Kadenzen, die das Ende ankündigen, oder durch Wiederholung eines Themas kann der Musiker dazu beitragen, das Ende zu koordinieren.

Scott erzählte eine Geschichte von seinem lebenslangen Verhältnis zu seinem alkoholkranken Vater. Der Leiter beschloß, diese Szene in drei chronologischen Abschnitten aufzuführen. Ohne ein helfendes Textbuch oder einen Vorhang, hinter den sie sich zurückziehen konnten, gelang es den Schauspielern, diese Miniszenen effektvoll mit Hilfe der Musik zu spielen. Zwischen jeder Szene spielte der Musiker Dur-Akkorde mit großer Septime auf der Gitarre, die er jedesmal anders artikulierte, aber er kam immer wieder zur selben Akkord-Folge zurück. So umrahmte und verband die Musik diese kurzen Szenen und verlieh der gesamten Darstellung Kontinuität und Struktur.

Es ist oft günstig, Szenen aufzuteilen, wie es in diesem Fall geschah. Helens Geschichte am Beginn dieses Kapitels ist ein weiteres Beispiel. Musik kann ein ökonomisches und ästhetisches Mittel sein, die Inszenierung bruchlos zu gestalten. Die Übergangsmusik unterstützt nicht nur die Schauspieler, sondern vermittelt den Zuschauern, daß ein Teil zu Ende ist und der nächste gleich beginnen wird.

Bei Transformationsszenen ist es Aufgabe des Musikers und der Schauspieler, die befreiende Wiederholung so kraftvoll zu gestalten wie die ursprüngliche Szene. Für beide, Musiker und Schauspieler, ist es im allgemeinen einfacher, eine unglückliche Szene überzeugend wiederzugeben, als bei einem glücklichen Ende zu voller dramatischer Entfaltung zu gelangen. Hier die Instrumente zu wechseln trägt dazu bei, Frische und Wirkung hineinzubringen.

Manchmal ist das wirkungsvollste Instrument des Musikers die Stimme. Selbst wenn man kein ausgebildeter Sänger ist, besitzt die Stimme für den Hörer eine einzigartige Direktheit und Leidenschaftlichkeit. Wenn Worte hinzukommen, verstärkt das die Wirkung – vorausgesetzt, die Worte sind richtig gewählt. Dies ist eine heikle und schwierige Aufgabe. Man denkt sich an Ort und Stelle einen Song aus, hat die Bedürfnisse des Erzählers im Sinn, dazu die Schauspieler und die theatralischen Aspekte der Szene. Man muß dabei die Sprache destillieren wie ein Dichter, um nicht zu deutlich oder banal zu werden. Diese Worte erzielen die größte Wirkung, wenn sie besonders einfach sind, vielleicht nur ein wiederholter Leitsatz oder ein Name.

Wieviel Musik brauchen wir? Das kann sehr unterschiedlich sein. Ganz gewiß braucht sie nicht durchgehend zu sein und wird mehr Wirkung zeigen, wenn sie nur in sorgfältig ausgewählten Momenten zu hören ist. Wie die Schauspieler muß auch der Musiker seinen künstlerischen Sinn für Zeiteinteilung, Tempo und Stille nutzen.

In einer Szene über einen Beinahe-Unfall auf der Straße beginnt die Darstellung ohne Musik. Als dann aber die Erzählerin um Zentimeter von einem Auto, das auf sie zurast, verfehlt wird, ertönt eine Salve von Trommelschlägen, gefolgt von einem Rhythmus, der das wilde Schlagen des Herzens der Erzählerin wiedergibt, die begreift, wie nahe sie dem Tod war.

Der Playback-Musiker ist nicht dazu da, Klangeffekte hervorzubringen. Die Musik drückt auf die eine oder andere Weise die emotionale Dimension aus. In Szenen, die oberflächlich und anekdotenhaft scheinen, kann es schwer sein, eine Idee zu haben, was man spielen könnte; vielleicht entscheidet man sich dann, lieber Klangeffekte beizusteuern, als gar nichts zu spielen. Wenn man sich aber seiner Inspiration überläßt, selbst in einer scheinbar unfruchtbaren Situation, kann man etwas spielen, was die Dynamik des ganzen Abends erhöht und dem Geschichtenerzählen ein höheres Niveau verleiht.

Die Arbeit mit den Schauspielern

Ein Musiker ist ein sehr wichtiges Glied des Playback-Teams, und wie wir weiter oben gesehen haben, muß er wie alle anderen ein Geschichtenerzähler sein. Alle musikalischen Möglichkeiten, die ich bisher erwähnt habe, hängen von dem eigenen Sinn für Geschichten und der Beziehung zu den Schauspielern ab. Die Musik ist weit mehr als Begleitung. Wenn die Zusammenarbeit gut funktioniert, wird die Musik zu einem weiteren Darsteller auf der Bühne, eingebunden in einen Austausch von Hinweisen mit allen anderen; jeder verstärkt die Fähigkeit der anderen, die Geschichte so lebendig, wahrhaft und künstlerisch wiederzugeben, wie sie können.

Da der Dialog deutlich gehört werden muß, ist es wichtig, sensibel zu reagieren und leise oder kontrapunktisch zu den gesprochenen Zeilen zu spielen, um die Worte der Schauspieler nicht unverständlich zu machen – es sei denn, das dramatische Moment wird durch die Übertönung des Dialogs verstärkt. Zum richtigen Zeitpunkt kann ein Lauterwerden der Musik die Stimmen der Schauspieler veranlassen, ebenfalls lauter zu werden, wodurch Konflikte oder Aufregung vermittelt werden, auch wenn die Wörter selbst nicht mehr zu verstehen sind. In einer unvergeßlichen Geschichte, bei der es um den gescheiterten Versuch ging, aus dem kommunistischen Rumänien zu fliehen, wird der Höhepunkt erreicht, als der Erzähler und seine beiden Freunde von bewaffneter Polizei gefaßt werden. Zu den Schreien der Wut, der Angst und der Verzweiflung spielt der Musiker ein wildes, schroffes Crescendo auf dem Tamburin. Die Musik erstickt die Schreie der Schauspieler und bildet ein Pendant zu der Verzweiflung und Unterdrückung, von der die Szene handelt.

Diese Art gemeinsamer Kreativität hängt von gesundem gegenseitigem Vertrauen und Respekt ab, ohne die die Schauspieler und der Musiker eher Konkurrenten als Zusammenwirkende sind. Die Musiker, von denen ich weiter oben sprach und die in der Vorbereitungsphase frustriert waren, sprachen auch von dem Gefühl, kämpfen zu müssen, um während der Aufführungen Platz für ihre Musik zu finden. Auch ich habe dieses Fehlen einer gemeinsamen Vision erlebt, wenn ich in einer neu gebildeten Gruppe oder mit Leuten, die sich in einem Workshop zum erstenmal begegneten, Musik spielte. Man muß wissen, wie die Zusammenarbeit sein kann, und die Zeit und die Geduld haben, diese zu erreichen.

Teamwork ist in Momenten besonders wichtig, in denen am besten die Musik allein die Bedeutung transportieren kann. In solchen Augenblicken können die Schauspieler einhalten und der Musik die zentrale Rolle überlassen. Sprache und Bewegungen können manchmal zu begrenzt sein: Starke Gefühle kommen mitunter durch den direkten Appell der Musik an die emotionale Phantasie wirkungsvoller zum Ausdruck.

Bei einer Aufführung, die zufällig am Muttertag stattfindet, erzählt eine Frau die Geschichte, wie ihre Tochter das erste Kind bekam. Sie ist eine amüsante Erzählerin.

»Wer war noch bei der Geburt dabei, Shelly?«

»Der Samenspender«, sagt sie und bringt damit ihre Meinung über den Partner ihrer Tochter zum Ausdruck. Als das »Baby« geboren ist, lachen die Zuschauer. Den Schauspielern ist die tiefe Bedeutung der Geschichte klar, und sie warten, daß das Lachen nachläßt, als die Szene auf ihr Ende zugeht. Sie halten ihre Positionen und zeigen damit, daß es noch nicht vorbei ist. In diese Stille spielt der Musiker sanfte gebrochene Gitarrenakkorde und singt eine lyrische Melodie mit den Worten: »Mein Baby, mein Baby.« Shellys amüsiert-distanzierte Haltung gegenüber der Szene verschwindet. Sie lehnt sich an die Schulter der Leiterin, ihre Lippen zittern, in ihren Augen stehen Tränen.

Zusammenarbeit mit dem Leiter

Enge Kooperation zwischen dem Musiker und dem Leiter kann einer Aufführung mehr Kraft geben. Sie sitzen jeweils an einer anderen Seite der Bühne und ihre Rollen ähneln einander. Sie teilen eine spezielle Verantwortung, um die Schauspieler zu unterstützen und der Geschichte Form zu geben. Wenn die Partnerschaft eng ist und auf gegenseitigem Vertrauen beruht, kann sie für die ganze Gruppe wie eine Achse sein und der Geschichte, die aufgeführt werden soll, die besten Voraussetzungen gewähren. Die Aufgaben der beiden folgen aufeinander. Die Rolle des Leiters geht zu Ende, sobald das Spiel begonnen hat; in gewisser Weise übernimmt der Musiker nun seine Aufgabe mit Hilfe des formgebenden Einflusses der Musik. Manche der künstlerischen Entscheidungen können auf Vorschlägen des Leiters für die Darstellung beruhen – zum Beispiel, eine Szene in drei Teilen zu spielen oder ein bestimmtes Element durch Musik wiedergeben zu lassen.

Die Partnerschaft zwischen Leiter und Musiker kann auch zu einem ästhetischen Rahmen für die ganze Show werden. Schon die ersten Worte des Leiters an das Publikum können von Musik begleitet sein, man kann ein musikalisches Zwischenspiel geben, das den Zuschauern die Möglichkeit einräumt, nach einer besonders intensiven Szene Atem zu schöpfen, und dann den Abend mit einem abschließenden Teil beenden, der aus Musik und Worten besteht.

Musik und Beleuchtung

Wenn eine Gruppe Scheinwerfer verwendet, arbeiten Musiker und Beleuchter zusammen, um die Wirkung dieser beiden Elemente so stark wie möglich zu machen. Die Beleuchtung ist im Playback-Theater eine weitere nicht kognitive Möglichkeit, eine Geschichte zu erzählen. Die Reaktionen des Publikums werden durch Wechsel in der Stärke und Farbe des Lichts entscheidend beeinflußt, auch wenn es dies kaum merkt. Wie der Musiker so verfolgt auch der Beleuchter die emotionale Entwicklung der Geschichte. Die Wirksamkeit von beiden wird verstärkt, wenn man zusammenarbeitet, um ein entscheidendes Element zu unterstreichen oder den Fortgang einer Szene zu beeinflussen (siehe dazu das folgende Kapitel).

Die Fertigkeiten des Musikers

Eine Reihe Playback-Musiker, die ich kenne, arbeiten auch als Musiktherapeuten. Dies ist kein Zufall. Die Fertigkeiten, die man für diese Art des Spielens braucht, entsprechen den in der Musiktherapie angewandten. Playback-Musiker müssen flüssig und kreativ spielen können, am besten auf mehr als einem Instrument. Sie müssen gut improvisieren können und genug Vertrauen in ihr musikalisches Können haben, um ohne Zögern ihre Wahrnehmungen und Impulse in Musik zu übersetzen. Es ist hilfreich, so verwandlungsfähig zu sein, daß man eine Vielfalt musikalischer Stile vorführen kann, instrumental und vokal, wenn die Geschichte es verlangt. Dazu gehören Klassik, Blues, Rap, Folk, Kinderlied und so weiter. Obwohl Playback-Musik Stimmungen oft auf eine Art und Weise reflektiert, die spezifische kulturelle Assoziationen umgeht, gibt es Momente, in denen ein wiedererkennbarer musikalischer Stil sehr wirkungsvoll sein kann. So haben wir zum Beispiel eine Szene über einen persönlichen Durchbruch gespielt, der in einem Workshop für traditionelles (irisches und schottisches) Geigenspiel und Tanz erfolgte. Ich spielte auf meiner Geige traditionelle Musik, und dadurch wurden Wahrhaftigkeit und emotionale Wirkung der Darstellung verstärkt.

Musikalische Fertigkeiten sind nicht das einzige, was wichtig ist. Der Musiker muß auch die Fähigkeit besitzen, sich auf den Erzähler einzustellen und den Mitgliedern der Gruppe zu folgen. Er muß auf das, was für die Szene benötigt wird, flexibel reagieren und das vergleichsweise bescheidene Wesen seines Beitrags akzeptieren. So, wie die Schauspieler immer darauf gefaßt sein sollen, für eine schwierige oder kleine Rolle oder gar nicht ausgewählt zu werden, muß ein Playback-Musiker bereit sein, überschwenglich und beherzt oder in einer Szene, die wenig Anlaß für Musik bietet, so gut wie gar nicht zu spielen.

Musiker und Schauspieler im Playback-Theater müssen beide das Einfühlungsvermögen und die urteilsfreie Offenheit eines Therapeuten mit der Bereitschaft, sich auszudrücken, verbinden. Bei weitem nicht jeder Darsteller, der eine gute Technik besitzt, ist reif und ausgeglichen genug für diese Arbeit.

Da Eigenschaften wie Offenheit, Einfühlungsvermögen, Großzügigkeit und Spontaneität mindestens ebenso wichtig sind wie musikalische Fähigkeiten, kann andererseits jemand, der wenig Übung hat, überraschend erfolgreich sein, wenn er die Musik für eine Szene spielt. Es ist eine Frage von Spontaneität und Mut. Jeder hat eine Stimme; jeder kann einfache Schlaginstrumente bedienen. Diese Werkzeuge können ausreichen, um bewegende und dramatische Musik für eine Playback-Szene zu erzeugen. Natürlich hat man, je mehr Fertigkeiten man besitzt, um so mehr Möglichkeiten bei der Playback-Musik. Ob Musiker oder nicht, es ist für jeden von großem Wert, diese Rolle des Musikers auszuprobieren – bei Proben oder auf Workshops oder sogar bei richtigen Aufführungen. Mancher wird überrascht sein, welchen Effekt die eigene Musik haben kann. Die Rolle des Musikers auszufüllen, erhöht mit Sicherheit die Wahrnehmung der Musik, wenn man wieder die gewohnte Rolle des Darstellers oder Leiters ausübt.

Instrumente

Für ausgebildete Musiker ist ihr Hauptinstrument dasjenige, auf dem sie die meiste Ausdruckskraft besitzen, sei es ein Keyboard, ein Streich- oder Blasinstrument oder das Schlagzeug. Man kann es durch andere Instrumente ergänzen, um eine Vielfalt an Klangfarbe, Tonskala, Lautstärke, melodischen und rhythmischen Möglichkeiten und kulturellen oder emotionalen Konnotationen zur Verfügung zu haben. Solche Instrumente können fast alles sein, von gewohnten rhythmischen Instrumenten einer Band bis zu exotischen Instrumenten oder selbstgemachten oder gefundenen Gegenständen. In einer improvisierten Situation, in der es keine richtigen Musikinstrumente gibt, kann man Töpfe, Pfannen, Holzlöffel und Kazoos verwenden, um die ganze Breite von Klängen und Effekten zu erzeugen. Wenn man Instrumente kauft, sollte man für eine nützliche Sammlung außer einem etwas komplexeren Hauptinstrument eine tiefe, tönende Trommel, eine Rassel, eine Lotusflöte, ein Kazoo, eine Bambus- oder Blockflöte, ein Xylophon und verschiedene Glocken besorgen. Die Stimme als Instrument steht immer zur Verfügung und kann in der Playback-Musik eine besonders starke Wirkung haben, mit oder ohne Begleitung.

Die Cabaza und das Meer

Ein Mann erzählt eine Geschichte aus seiner Kindheit, in der er mit einem anderen kleinen Jungen am Strand eine Sandburg baute. Sie gerieten in Streit, und während sie miteinander kämpften, spülte die Flut, ohne daß sie es merkten, die Sandburg fort.

Eine Schauspielerin soll das Meer spielen. Sie kniet am Rand der Bühne, hat sich ein blaues Gazetuch umgelegt und vollführt sanfte, regelmäßige Bewegungen, ohne dabei die Aufmerksamkeit von den Schauspielern, die die beiden Jungen spielen, abzulenken. Der Musiker begleitet ihre Bewegungen mit einem ruhigen, zischenden Rhythmus auf der Cabaza. Die Wellen überfluten langsam die Sandburg. Die Jungen hören auf zu kämpfen, über dem Verlust der Burg vergessen sie ihren Streit. Im Schweigen geht die Cabaza-Musik weiter, gleichgültig und stetig wie die Wellen des Meeres.

Anmerkung

1 Trotz der Bedeutung der Musik im Playback-Theater ist es möglich, auch ohne Musik zu arbeiten, besonders wenn es sich nicht um Aufführungen handelt.

Dieses Kapitel basiert auf meinem Artikel »Music in Playback Thea-
tre«, der in THE ARTS OF PSYCHOTHERAPY *19, 1992, erschien. Die*
musikalische Terminologie, die ich dort verwende, wird manchem
Leser die Bedeutung noch vertiefen; für das, was ich hier sagen will,
ist sie allerdings nicht notwendig.

7. PRÄSENZ, PRÄSENTATION UND RITUAL

Das Playback-Theater ist intim, nicht förmlich, unprätentiös und zugänglich. Dennoch *ist* es Theater. Wir betreten bewußt eine Arena, die sich von der Alltagsrealität unterscheidet. Um die gesteigerte Atmosphäre zu schaffen, die für jedes Theaterereignis notwendig ist, sorgen wir für *Präsenz* durch das sorgfältig konzentrierte Verhalten und die Aufmerksamkeit der Schauspieler; für die *Präsentation* durch die Achtsamkeit, die wir allen physischen, strukturellen und visuellen Aspekten der Aufführung schenken; für *Ritual* durch Muster, die für einen dauerhaften Rahmen während der Aufführung und von einer Veranstaltung zur nächsten sorgen. Durch Präsenz, Präsentation und Ritual wird die Botschaft vermittelt, daß diese persönlichen Geschichten, diese Lebensausschnitte unsere Aufmerksamkeit und unseren Respekt verdienen.

Das Paradox von Formalität und Privatheit, das sich im Playback-Theater findet, manifestiert sich am Anfang einer Vorführung. Die Schauspieler betreten gemeinsam die Bühne. Sie nennen ihre Namen und erzählen den Zuschauern etwas über sich, etwas, was ihnen in diesem Moment gerade einfällt.

»Ich heiße Eve, und heute habe ich einer Freundin geschrieben, an die ich seit einiger Zeit denke.«

Eve spricht ganz einfach als sie selbst, als ein Mensch, der sich an einen anderen richtet. Was sie sagt, hat sie weder geplant noch geprobt. Und die Zuschauer hören es als die spontane Mitteilung, die es ist. Zugleich aber empfangen sie ihre Worte im rituellen Zusammenhang mit dem Auftritt der Schauspieler. Diese Botschaft kündigt ihnen an, daß Eve hier nicht nur mit ihnen plaudert, sondern daß es sich um eine Aufführung mit bestimmten Formen, Strukturen und Absichten handelt. Vor allem verkündet sie, daß Eves private Erfahrung es verdient, in diesem öffentlichen Kontext weitergegeben zu werden, und die Zuschauer eingeladen sind, ihre Geschichten auf die gleiche Weise anzubieten.

Wenn man eine Playback-Aufführung sieht, reagiert man auf diese erhöhte, ritualisierte Beschaffenheit der Theaterform. Ihr Fehlen würde man bemerken. Und doch ist darüber zu sprechen und es zu lehren, eine der schwierigsten Aufgaben. In unserer westlichen Industriegesellschaft sind wir nicht daran gewöhnt, solchen Dingen Aufmerksamkeit zu schenken. Im allgemeinen werden Ritual und Präsentation bei gesellschaftlichen Ereignissen, die ihrer eigentlich bedürfen, Momente des Übergangs oder der Feier wie Beerdigungen, Examensfeste oder Klavierabenden, schlecht gehandhabt. (Eine Ausnahme ist Neuseeland, wo die Maori, Meister anmutiger und funktionaler Zeremonien, bedeutenden Einfluß auf diesen Aspekt der gesamten Kultur genommen haben. Öffentliche Begegnungen, vom Elternabend in der Schule bis zu offiziellen Feiern, werden nach dem Vorbild ritueller Strukturen der traditionellen Maori-Sitten organisiert. Die Neuseeländer sind der Meinung, daß solche Formen dem Zweck, für den sie zusammengekommen sind, dienen – einander zuzuhören und zu verstehen, die Vergangenheit zu ehren und Neues zu begrüßen.) Im Playback-Theater sind Anfänger oft verwundert über die Aufgabe zu lernen, Rituale anzuwenden und mit Präsenz und bewußter Präsentation etwas darzustellen.

Präsenz

Allein durch die Art, wie sie stehen, sich bewegen, zuhören und miteinander umgehen, können die Schauspieler zum Ausdruck bringen, ob sie die Tiefe und Kraft dessen, was sie tun, wirklich begreifen oder nicht. Ich habe oft Schauspieler erlebt, die meistens, aber nicht immer neu im Playback-Theater waren und deren Lässigkeit auf der Bühne ihre Arbeit torpedierte. Ihnen ist bestimmt nicht bewußt, welche Wirkung sie dadurch erzeugen. Ich glaube, daß ihre mangelnde Präsenz daher rührt, daß sie die Bedeutung ihres Verhaltens nicht begreifen, und vielleicht auch daher, daß sie zu schüchtern sind, sich im vollen Bewußtsein ihrer Präsenz auf der Bühne zu präsentieren.

Andererseits können Schauspieler, die diesen Aspekt der Darstellung meistern, die Wirkung des Playback entscheidend vertiefen. Es ist sowohl einfach als auch subtil – es ist ein Unterschied, ob man aufrecht oder zusammengesunken auf den Kisten sitzt, ob man, während man auf das Ende des Interviews wartet, wachsam und gelassen oder zappelig dasteht. Es bedeutet, die Kommunikation mit dem Partner auf ein Minimum zu beschränken, etwa bei »Pairs«, und der Versuchung zu widerstehen, unnötig zu interagieren, ob körperlich oder mit Worten. Die erfolgreichsten Playback-Schauspieler verfügen über eine Zen-artige Konzentration und Selbstdisziplin.

Während der Vorbereitungsphase spielt die Präsenz des Schauspielers eine besonders wichtige Rolle. Wie wir bereits gesehen haben, kann in diesem Moment das Publikum in eine Art Trance geführt werden, an einen Ort größter Aufnahmebereitschaft für unsere Kreativität. Je disziplinierter die Schauspieler in diesem Augenblick sind, desto mehr werden die Zuschauer zu diesem magischen Ort der Begegnung hingezogen. Auch wenn die Schauspieler, bevor sie zu spielen beginnen, sich miteinander beraten, um die Darstellung zu besprechen oder sich abzustimmen, können sie dies mit Konzentration und auf kontrollierte Weise tun, ohne den Fluß des Rituals zu stören.

Am Ende einer Szene haben die Schauspieler ebenfalls Gelegenheit, ihre konzentrierte Präsenz aufrechtzuerhalten. In dem schwierigen Augenblick der Anerkennung bedarf es einigen Muts, den Erzähler mit seinem ganzen Selbst und mit der Würde des Schauspielers anzusehen. Gelingt es einem, wird die Gabe, die dem Erzähler dargereicht wird, noch kostbarer. Bei der Rückkehr zu den Kisten muß die Konzentration beibehalten werden, und man muß mit dem Körper und dem Gesicht seine Bereitschaft zeigen, sich auch für die nächste Geschichte ganz einzusetzen.

Der Leiter setzt wie niemand sonst den Maßstab für eine Präsenz, die diese Aufführung davor bewahrt, zu einem zwanglosen Beisammensein zu werden. Er steht zu Beginn der Veranstaltung auf der Bühne, alle Augen sind auf ihn gerichtet, er trägt die Verantwortung für den Abend, und er kann diesen Moment entweder nutzen, oder er kann vor ihm zurückweichen. Wenn er seine Rolle von Anfang bis zum Schluß mit Präsenz füllen kann, sind Zuschauer und Darsteller in der Lage, sich ihm bei der gemeinsamen Schöpfung eines echten Theaterereignisses anzuschließen.

Präsentation – die Bühne

Der ideale Raum für eine Playback-Theateraufführung ist ein kleines Theater mit 100 Sitzen oder weniger und einer Bühne, die gerade nur so hoch ist, daß sie eine gute Sicht zuläßt, vielleicht 30 oder 60 Zentimeter höher als der Boden und mit Stufen, um sie leicht betreten zu können. Es kann auch eine kleine Bühne in Arenaform sein, bei dem die Sitzreihen stufenweise nach oben führen. Eine Bühne mit Vorbühne ist für Playback nicht sonderlich geeignet, ein Vorhang wird nicht benötigt. Die wichtigsten Voraussetzungen sind Intimität und ein guter Zugang zur Bühne. Die Akustik sollte so sein, daß Gesprochenes, auch die ruhige Stimme eines Erzählers, gut zu hören ist, aber nicht so, daß die Klarheit durch Widerhall verlorengeht.

Dennoch ist, wie wir bereits gesehen haben, eine Playback-

Bühne oft keine richtige Bühne, sondern nur der Teil eines Raums, aus dem die Möbel entfernt wurden. Ein Grund mehr, besonders auf die Vorbereitung des Raums zu achten. Mit oder ohne richtige Bühne müssen wir einen Ort schaffen, wo Geschichten zum Leben erweckt werden können.

Die Grundausstattung der Bühne ist sehr einfach. Links vom Zuschauerraum – von der Bühne aus gesehen, rechts – stehen zwei Stühle nebeneinander, zur Mitte hin gerichtet, auf denen Leiter und Erzähler sitzen. Im ersten Teil der Aufführung ist der Stuhl des Erzählers leer. Zunächst werden die Zuschauer dies nicht bemerken. Nach einer Weile nehmen sie ihn aber wahr und fragen sich: »Wer sitzt denn auf dem anderen Stuhl?« Auf der anderen Seite der Bühne ist der Platz des Musikers, auf einem niedrigen Tisch oder einem Tuch am Boden liegen die Instrumente. An der hinteren Seite steht eine Reihe von Kisten, auf denen die Schauspieler sitzen, die sie aber auch während des Spiels als Requisiten verwenden können.

Auf der einen Seite, im allgemeinen rechts auf der Bühne, steht ein wenig zurückgesetzt der Requisitenbaum, ein Holzgestell, an dem Stoffstücke verschiedenster Farben und Webarten hängen. Dies ist der bunteste Gegenstand auf der Bühne, und er ist an sich schon sinnträchtig und ästhetisch. Obwohl der tatsächliche Gebrauch von Requisiten gering ist, trägt der Requisitenbaum zu einer festlichen, theaterhaften Atmosphäre bei. Vor diesem Hintergrund können die Requisiten ausgewählt werden. Man kann Stoffe in den verschiedensten Farben wählen, die auffallend und ansprechend sind. Man kann die Stücke mit Sinn für kunstvolle Effekte aufhängen – das lange schwarze neben das rote spitzenbesetzte, das Fischernetz neben das metallic-grelle und so fort.

Diese einfachen Gegenstände definieren den leeren Raum in der Mitte, den Raum, der dann mit bislang noch unbekannten Geschichten gefüllt wird.

Der Raum

Wenn die Playback-Theateraufführung in einem Raum stattfindet, der normalerweise nicht als Theater dient, gibt es Möglichkeiten, aus jedem Raum, in dem wir uns befinden, das Beste zu machen.

Zuallererst können wir die Stühle so aufstellen, daß sie mit den Absichten des Playback, für Kommunikation und Beziehungen unter den Anwesenden zu sorgen, übereinstimmen. Im traditionellen Theater sitzen die Zuschauer im allgemeinen in geraden Reihen. So nehmen sie einander kaum wahr und können um so besser in die erdachte Realität der Schauspieler eindringen, ungestört durch die wirklichen Menschen neben sich. Im Playback-Theater wollen wir, daß die Menschen einander ebenso wahrnehmen wie die Welt auf der Bühne. Sie sollen spüren, daß sie an diesem Ereignis teilhaben, von dem die dargestellte Geschichte ein Teil ist. Wir stellen die Stühle im Halbkreis auf, so daß die Zuschauer einander sehen können und unsere Präsenz auf der Bühne eine Art Kreis vollendet.[1] Wir achten darauf, daß in der Mitte ein Gang frei bleibt, damit jeder leicht die Bühne erreichen kann. Manchmal legen wir auch Kissen vor die erste Reihe für Kinder und andere, die eine gute Sicht haben möchten. Wir versuchen, alles so bequem und attraktiv wie möglich zu machen. Wenn die Leute hereinkommen, sollen sie sich wohl fühlen und sich freuen, gekommen zu sein.

Es ist erstaunlich, wie schnell und einfach nach diesen Gesichtspunkten ein Raum vorbereitet werden kann. Wenn einige die Bühne einrichten und andere Stühle und Kissen anordnen, kann in wenigen Minuten ein normaler, ja ungastlicher Raum einladend werden und etwas von einem Theater annehmen.

Beleuchtung

Ob in einem Theater oder einfach in einem Zimmer, die Bühnenbeleuchtung ist von großer Bedeutung, denn sie trägt dazu bei, den Raum näher zu bestimmen, und übergießt alles mit Farben, die ganz anders wirken als das prosaische Neonröhren- oder weiße Licht, an das die Leute gewöhnt sind. Playback-Beleuchtung unterscheidet sich erheblich von der im traditionellen Theater, wo es normalerweise Punkte gleißenden Lichts gibt und wo bestimmte Umgebungen simuliert werden sollen. Im Playback-Theater ist die Beleuchtung meist eine Sache von stimmungserzeugenden und impressionistischen Farben, die sich mit dem Wechsel der Emotion verändern.

Zur Beleuchtung im Playback sollten immer zwei große Scheinwerfer gehören, die alles in Farbe tauchen können, und vier Punktscheinwerfer für gezieltere Effekte. Jedes Spotlight ist mit einem Filter versehen, so daß ein ganzes Farbenrepertoire zur Verfügung steht, das entsprechend den Anforderungen einer Szene verwendet werden kann. Die Scheinwerfer sind an Pfosten befestigt und werden durch Regelwiderstände im hinteren Teil des Raumes eingestellt. Der Beleuchter – auch er gehört zum Team und hat etwas zu erzählen – trägt dazu bei, der Geschichte einen Rahmen zu geben, indem er nach dem Interview und am Ende der Geschichte das Licht herunterdreht. Während des Spiels sorgt er parallel zur Entwicklung des Dramas für subtile Angleichung in der Beleuchtung. Vor der Veranstaltung können die Scheinwerfer bereits aufgestellt sein, damit Erzähler und Leiter sowohl während des Interviews als auch während der Szene gut ausgeleuchtet sind. Hier, und ganz besonders im Gesicht des Erzählers, findet ein spannendes Drama statt.

Nicht alle Gruppen benutzen Licht; es ist unhandlicher und teurer als die gesamte übrige Ausstattung. Auch ohne Bühnenbeleuchtung gibt es oft Möglichkeiten, mit dem vorhandenen Licht Effekte zu erzielen. Ein Teil des Deckenlichts kann gelöscht werden; vielleicht gibt es Lampen, die aufgestellt werden können, um ein wenig Farbe und Brennpunkte zu erzeugen.

Kleidung

Ein Teil der Präsentation der Darsteller ist ihre Kleidung. Jede Gruppe hat für dieses Problem eine andere Lösung, die auf Stilgefühl und Angemessenheit beruht. Was allen gemeinsam ist, ist das Bedürfnis, Kleider zu tragen, die den Schauspielern möglichst viel Bewegungsfreiheit geben, zugleich aber recht neutral sind, damit man im Nu als Großmutter, Frosch, Polizist oder Mond erscheinen kann. Ob man sich für einheitliches Schwarz oder andere zueinander passende Farben oder einfache Straßenkleidung entscheidet, man muß sich Garderobe aussuchen, die einem ein Maximum an Beweglichkeit und Ausdrucksfähigkeit ermöglicht.

Anfänge und Schlüsse

Die Wichtigkeit der Präsentation bezieht sich auch auf die Darstellung selbst. Einen weiten Spielraum für Einsatz und Kreativität bietet die Art, wie man die Aufführung beginnt und beendet. Alles, was man vom ersten Moment, in dem man auftritt, tut, fördert die theatralische Wirkung oder behindert sie. Ob man in den Raum hineintanzt und dabei Schlaginstrumente spielt oder mit einer meditativen Gesangsimprovisation eröffnet, ob man sich wie Eve mit einer persönlichen Aussage vorstellt und diese augenblicklich als Einpersonenskulptur darstellt oder eine der unzähligen anderen Möglichkeiten wählt, ist die Eröffnung sowohl theatralisch als auch auf wahrhaftige Weise menschlich, geht die Show automatisch in den Playback-Prozeß über. (In unserer Anfangszeit, als wir noch sehr mutig waren, fingen wir eine Show einmal so an, daß wir – immer zwei auf einmal – uns auf der Bühne hinter einem Wandschirm umkleideten. Die Zuschauer wußten nicht, was sie damit anfangen sollten. Es hatte sicherlich einen dramatischen Effekt, als wir aber darüber nachdachten, sagten wir uns, daß wir damit nichts Sinnvolles erreicht hatten.)

Wenn alles vorüber ist, können wir am Ende dazu beitragen, die Bedeutung und Würde dessen hervorzuheben, was wir gerade gemeinsam erlebt haben. Das ist einer der Momente, an dem sich einer leicht davonstehlen könnte. Doch es ist wichtig, zusammenzubleiben und mit einer Verbeugung den Applaus der Zuschauer entgegenzunehmen; man kann auch ihnen applaudieren und die Bühne in würdevoller Haltung verlassen – auch wenn man eine Minute später zurückkommt und sich ganz ungezwungen mit den Zuschauern trifft.

Ritual

Im Playback-Theater bedeutet Ritual wiederholte Strukturen in Raum und Zeit, die für Stabilität und Vertrautheit sorgen und innerhalb derer auch Unvorhersehbares stattfinden kann.

Rituale tragen auch dazu bei, die Wahrnehmung von Erfahrung zu schärfen, die Leben in Theater verwandeln kann.

Ritual ist bereits gegeben, bevor die Veranstaltung beginnt. Wie wir schon gesehen haben, finden Playback-Aufführungen oft in Räumen statt, die normalerweise nicht für Theater genutzt werden. Die praktische Aufgabe, den Raum und die Bühne vorzubereiten, mit den Kisten, Instrumenten, dem Requisitenbaum und den beiden Stühlen für Erzähler und Leiter, ist bereits ein Ritual.

Es ist ein symbolischer Prozeß, vorübergehend ein Eßzimmer oder worum es sich jeweils handeln mag, zu etwas anderem zu machen – einem Ort, an dem Geschichten gehört und gesehen werden, wo Leute aufgefordert sind, auf neue Weise zusammenzusein. Wenn wir uns nicht in einer Welt wiederfinden, die für das Playback-Verfahren günstig ist, müssen wir sie uns schaffen.

Sobald die Aufführung begonnen hat, muß der Leiter die Rituale zum Einsatz bringen und regulieren. Er muß sich dabei des schamanenhaften Aspekts seiner Rolle bewußt sein, damit er sie auf verantwortliche und künstlerische Weise nutzen kann.

Eines seiner Werkzeuge ist dabei die Wahl der Sprache – während der eigentlichen Aufführung, doch besonders während des Interviews. Einerseits kann diese Sprache informell und umgänglich sein: »Hallo, willkommen auf dem Erzählerstuhl! Sind Sie zum erstenmal Erzähler?« und so weiter. Andererseits kann Sprache formelhaft sein, bestimmte Wendungen können wiederholt und mit einem hohen Maß an Sorgfalt und Bewußtheit verwendet werden. Obwohl jedes Interview anders ist, tauchen viele Fragen des Leiters in jedem Interview wieder auf. Er kann sie in eine bestimmte Richtung lenken: hin zu größerer Genauigkeit, hin zu den Bedeutungen der Geschichte – auch den verborgenen, hin zu der eigenen Kreativität des Erzählers. Wenn die Befragung gut verläuft, entsteht ein spürbarer Rhythmus von Fragen und Antworten, weil der Erzähler sich dem Ritual anpaßt.

Manche der Antworten des Erzählers kann der Leiter wiederholen und sich dabei an die Schauspieler und das Publikum wenden. »Es geht um einen Traum, obwohl ich nicht sicher bin, ob es wirklich ein Traum war«, sagt der Erzähler. Der Leiter wendet sich an die Zuschauer und die Schauspieler: »Ein Traum, der vielleicht gar kein Traum war«, sagt er und betont die Worte ein wenig. So sorgt er dafür, daß jeder die Geschichte hört – der Erzähler hat nicht die Aufgabe, laut zu sprechen –, und durch das rituelle Element der Wiederholung verleiht er dem Prozeß des Geschichtenerzählens einen besonderen Stellenwert.

Wenn die Befragung abgeschlossen ist, lautet das letzte, was der Leiter dem Erzähler und den Zuschauern sagt: »Schauen Sie mal!« oder, wenn dies zu abrupt und zu autoritär wirkt: »Schauen wir es uns an!« Dies am Ende einer jeden Befragung zu sagen ist Teil des Rituals. Es dient dazu, die Szene, die gleich folgen wird, für den Erzähler, die Schauspieler und die Zuschauer einzuleiten. Für den Erzähler bedeutet es auch, daß seine aktive Rolle jetzt vorbei ist.

Die Sequenz der Darstellung ist ein weiterer Punkt, bei dem Rituale eine wichtige Rolle spielen. Wie wir in Kapitel 3 gesehen haben, folgt die Darstellung einem Muster von fünf Abschnitten. Nach dem Interview beginnt eine stark ritualisierte Vorbereitung, dann die Szene selbst, und darauf folgt die Anerkennung und das letzte Wort des Erzählers. Die Dichte dieser Folge schafft eine Struktur, innerhalb derer die Szene ihren Ausgang nehmen kann. Ohne das Ritual mit den fünf Abschnitten würden Schauspieler, Erzähler, Zuschauer sich eher desorientiert und unsicher fühlen.

Musik ist ein wesentliches Element, um dem Ritual eine Grundlage zu geben. Wie wir im letzten Kapitel gesehen haben, unterscheidet sich die rituelle Wirkung der Musik im Playback-Theater von ihrer ästhetischen expressiven Funktion. Ich weiß nicht, ob die stabilisierende und Würde verleihende Wirkung der Musik von unserer kulturellen Vertrautheit mit religiösen und zivilen Feiern herrührt oder ob Musik an sich etwas Erhabenes hat, das zu ihrer Verwendung bei solchen Anlässen führt. In jedem Fall verstärkt Musik die rituelle Dimension des Geschehens, vor allem zu Beginn, am Ende und an den Übergängen. In diesen Augenblicken hat der Musiker, wie der Leiter, eine Art Schamanenrolle inne.

Auch die Beleuchtung trägt zum Ritual bei. Das Licht wird schwächer, die Leute werden ruhig, aufnahmebereit, neugierig. Auch während der Szene setzt die Veränderung des Lichts den Rahmen für die Handlung. Zusammen mit der Musik sagt es: »Sieh genau hin, es ist wichtig!«

Weiter oben habe ich von den verhaltensgestörten Kindern erzählt, die regelmäßig zu Playback-Veranstaltungen kommen und die von dieser Gelegenheit, ihre Geschichten zu erzählen, nie genug kriegen können. Um ihnen zu helfen, mit ihrer Enttäuschung umzugehen, wenn sie nicht als Erzähler ausgewählt werden, sorgt ein Mitglied der Truppe, Diana, die als Kinderpsychologin an der Schule arbeitet, dafür, daß es auch im Schulalltag die Chance zum Geschichtenerzählen gibt. Sie besucht die Klassen und setzt die Kinder in einen Kreis. Nacheinander erzählt jedes Kind, das möchte, seine Geschichte. Nach jedem Vortrag erzählt Diana die Geschichte noch einmal, wobei sie ihrem Erzählen einen Hauch von Zeremonie verleiht. Dies stellt die Kinder zufrieden. Es ist zwar nicht dasselbe, wie die eigene Geschichte dargestellt zu sehen, unterscheidet sich aber vom Erzählen in einer privaten Runde. Das Ritual, und sei es noch so bescheiden, macht aus dem Erzählen privater Geschichten etwas Befriedigendes und Erinnerungswürdiges.

Ritual und Bedeutung

Als wir zu Beginn unserer Arbeit die Bedeutung von Ritualen erforschten, insbesondere die rituelle Abfolge beim Darstellen einer Szene, wurden wir eingeladen, an einer japanischen Teezeremonie teilzunehmen, um zu erleben, was diese alte Tradition mit der neuen, die wir gerade schufen, zu tun haben könnte. Obwohl die Anmut der Teezeremonie einen dauerhaften Eindruck bei uns hinterließ, mangelte es unserem Verhalten an der angemessenen Würde. Wir fanden es schwierig, angesichts der gekünstelten Feierlichkeit der Zeremonienmeister, die wie wir Amateure waren, ernst zu bleiben. Auch die Gegenwart des frisch angetrauten Ehemanns eines unserer Mitglieder war eine Herausforderung. Dieser hatte eine besondere Vorliebe für Kostümierungen, war übereifrig, nahm alles todernst und kam zu dieser Teezeremonie, die in einer Scheune stattfand, in voller Samurai-Ausrüstung – inklusive Schwert.

Obwohl wir uns ein wenig schämten, weil wir gegen unser Lachen ankämpfen mußten, glaube ich, daß wir deshalb so reagierten, weil wir Neulinge waren, zugleich aber so taten, als hätten wir zu einer altehrwürdigen Tradition einen Bezug. Es ist an sich nichts Verrücktes daran, an dem Ritual einer anderen Kultur teilzunehmen. Die Absurdität kam daher, daß wir nicht anerkannten, wie neu und fremd dies alles für uns war. Niemand von uns, unsere Gastgeber eingeschlossen, hatte die geringste Ahnung, welche Bedeutung diese Zeremonie in ihrem ursprünglichen Kontext gehabt hatte.

Rituale sind dazu da, eine Bedeutung zu verkörpern, die sich aus den disparaten Elementen unserer Erfahrung zusammensetzt. Sie sind »Gerüste der Erwartung«[2]. Wenn ein Ritual aus dem Kontext gerissen wird, in dem es geschaffen wurde, wenn es ihm nicht gelingt, sich im jeweiligen Augenblick zu rechtfertigen, wirkt es hohl oder gar lächerlich. Die Rituale im Playback sind aus den Bedürfnissen und Bedeutungen dessen entstanden, was während einer Aufführung geschieht. Sollten sie je bedeutungslos oder willkürlich scheinen, haben sie ihre Existenzberechtigung verloren.

Der Theaterregisseur Peter Brook spricht von der uralten Funktion des Theaters, einer Gemeinschaft eine vorübergehende Reintegration zu ermöglichen, die wie alle Gemeinschaften ihr tägliches Leben als fragmentarisch erfährt. Diese Funktion des Theaters könne nicht länger erfüllt werden, sagt er, weil der Prozeß der Fragmentierung so weit fortgeschritten sei, daß es keine gemeinsamen Elemente mehr gebe, auf denen Rituale errichtet werden könnten. Statt dessen, sagt er, müßten moderne Schauspieler eine neue »Einheitsmatrix« finden, die der Augenblick des Spiels ist, das von Schauspielern und Zuschauern geteilte *Jetzt*.[3]

Vielleicht ist Playback eine Form des Theaters, in dem diese wesentliche »Einheitsmatrix« auf die alte und die neue Weise geschaffen wird. Obwohl wir es oft mit Zuschauern zu tun haben, die nicht weniger unterschiedlich sind als jedes andere moderne Publikum, und unser gemeinsamer kultureller Bezugsrahmen nicht weniger verarmt ist, liegt der Unterschied darin, daß unser »Spiel« aus dem Leben der Menschen stammt. Das Bedürfnis nach traditionellen kulturellen Elementen ist weniger dringend, weil wir – Zuschauer und Gruppe – unsere eigenen im Mikrokosmos der Aufführung finden, und dazu gehören auch persönlicher Triumph, Verluste und wehmütige Erkenntnisse, die über spezifische kulturelle Prägungen hinausgehen. Wir üben Rituale aus, die auf den unmittelbaren Bedürfnissen des Ereignisses selbst beruhen und weder willkürlich noch alt, noch dunkel sind, sondern eine deutlich nachvollziehbare Rolle in unserer Zusammenkunft spielen. Zugleich sind wir ganz auf den Augenblick orientiert, und wir nehmen vor allem anderen gemeinsam an der Entstehung einer Szene, der Enthüllung von Leben, teil.

Anmerkungen

1 Aus ähnlichen Gründen fordert der Leiter oft Zuschauer auf, sich ihren Nachbarn vorzustellen, damit sie wissen, daß sie neben Leuten sitzen, in deren Gesichter sie geblickt und deren

Stimmen sie gehört haben. In einem Raum, wo die Sitzreihen festgeschraubt und nicht zu verändern sind, sind solche gegenseitigen Vorstellungen der Zuschauer besonders wichtig.

2 M. Douglas zit. RITUALS IN FAMILIES AND FAMILY THERAPY, Imber-Black, Roberts, and Whiting, New York 1988, S. 1.

3 Peter Brook, »Leaning on the Moment«, PARABOLA 4, 2, 1979, S. 46–59.

8. DIE HEILENDE ROLLE DES PLAYBACK

Theater sei geschaffen worden, so Peter Brook in einem anderen Aufsatz, um »die heiligen universalen Geheimnisse zu erforschen, aber auch, um den Trinker und den Einsamen zu trösten«[1]. (Ich vermute, daß er auch die einsame Frau und das einsame Kind meint.)

In dieser Hinsicht ist das Playback-Theater immer ein Theater des Trostes gewesen. Ein Teil von Jonathans ursprünglicher Vision war eine Verpflichtung gegenüber der Entfaltung des menschlichen Geistes, und als wir in den ersten Jahren unsere eigenen Geschichten erzählten, lernten wir, wie man diese Verpflichtung erfüllen kann. Als wir mit unserer Arbeit an die Öffentlichkeit gingen, stellten wir fest, daß das Erzählen von Geschichten und ihre Darstellung – zumindest in diesem Augenblick – etwas Befreiendes hatte, ganz gleich, welche Art von Geschichte erzählt wurde. Manchen brachte das Erzählen einer Geschichte im Playback-Theater eine Katharsis oder einfach Bestätigung; für andere war das Offenbaren einer Story in der Öffentlichkeit ein erster Schritt, mit anderen Menschen Verbindung aufzunehmen. Gruppen bot es eine Möglichkeit, Brücken zu bauen und vielleicht bestehende Freundschaften zu stärken oder zu feiern.

Die heilende Wirkung des Playback beruht auf mehreren Elementen. Wie wir in früheren Kapiteln gesehen haben, besitzen Menschen das *Bedürfnis*, ihre Geschichten zu erzählen. Es ist eine grundlegende Notwendigkeit in ihrem Leben. Durch das Erzählen unserer Geschichten finden wir Identität, unseren Platz in der Welt und unsere Orientierung in ihr. In der fragmentierten Existenz, die viele von uns führen, in der es keine Kontinuität von Menschen und Orten gibt, in der das Leben sich zu schnell bewegt, als daß wir einander zuhören würden, in der viele Menschen nach Sinn suchen, in der immer weniger zu finden ist, bietet das Playback-Theater ein wertfreies Forum, unsere privaten Geschichten mit anderen zu teilen.

Der Mikrokosmos einer Playback-Theateraufführung (oder einer anderen Veranstaltung) ist wohlwollend. Respekt vor anderen ist eine Grundvoraussetzung. Hier wird niemand ausgenutzt, lächerlich oder verächtlich gemacht. Hier ist man geborgen und wird umsorgt. Allein die Atmosphäre trägt zur Heilung bei. Menschen, die diese über längere Zeit erfahren – Playback-Gruppen-Mitglieder oder Laiengruppen, die Playback regelmäßig machen oder Teilnehmer von mehrtägigen Workshops –, können allein dadurch wachsen, daß sie in einer Umgebung sind, in der sie angenommen und großzügig behandelt werden.

Ein weiteres wesentliches Element der heilenden Wirkung des Playback ist seine Ästhetik. Geschichten werden nicht einfach erzählt, ihnen wird mit der künstlerischen Sensibilität der Playback-Gruppe begegnet, und so werden sie zu Theaterstücken. Es werden ästhetische Entscheidungen getroffen. Die rituellen Aspekte, die wir in Kapitel 7 genauer betrachtet haben, dienen als Rahmen, der die Form zur Geltung bringt.

Was geschieht – beim Playback oder irgendeinem anderen Medium – in dem künstlerischen Prozeß, wenn aus dem Leben Kunst destilliert wird? Der Künstler ist jemand, der, dem Visionär oder dem Träumer gleich, ein Gespür für das Muster hat, welches die disparaten Phänomene unserer Existenz miteinander verbindet. Er schafft eine Form im Raum oder in der Zeit oder in beidem, die auf irgendeine Weise seine Wahrnehmung dieser unterschwelligen Kohärenz oder einen Teil davon zum Ausdruck bringt. Wir fürchten uns vor Chaos und Bedeutungslosigkeit und erleben sie zu oft. Wenn wir etwas begegnen, das unsere Erfahrungen in ästhetischer Form reflektiert, fühlen wir uns bestätigt oder gar inspiriert. Der Grad, in welchem dies geschieht, hängt davon ab, wieviel von unserer Erfahrung wir in der Arbeit des Künstlers wiederfinden und wieviel Mut, Tiefe und Überzeugungskraft er aufbringen konnte.

Im Playback-Theater sagen wir, daß wir, indem wir uns gestatten, Künstler zu *sein*, das Muster und die Schönheit freilegen können, die im Rohmaterial des Lebens verborgen sind. Unsere ästhetische Achtsamkeit macht es möglich, daß eine Geschichte zum Zeugnis einer *ontologischen* Bedeutung und Bestimmung wird. Die ästhetische Dimension – gemeint ist eine Ganzheit der Form, die nicht unbedingt harmonisch oder schön ist – ist selbst ein grundlegender, zu tiefer Bestätigung fähiger Heilungsfaktor.[2]

Pierre erzählt die Geschichte, wie er als kleines Kind von den Großeltern mütterlicherseits gekidnappt wurde, weil diese die Ehe seiner Eltern zerstören wollten. Sein Verhalten gibt keine Hinweise darauf, wie er dieses außergewöhnliche Ereignis erlebte. Der Leiter bittet ihn, den Augenblick, den er dargestellt sehen möchte, genauer zu benennen. Er wählt die Szene vor Gericht aus, in der seine Großeltern bestraft und nach Europa ausgewiesen werden. Die Schauspielerin, die den Richter spielt, erlaubt sich einige künstlerische Freiheiten. Sie wird zur zornigen Rächerin: »Wie konnten Sie es wagen, so etwas zu tun?« Sie schreit, verläßt die Richterbank und geht mit wehender Robe auf die Angeklagten zu: »Sie haben kein Recht, diese Familie zu zerstören. Wissen Sie nicht, welche Angst sie alle hatten, besonders dieses kleine Kind hier?« Auf der anderen Seite der Bühne spielt ein Schauspieler Pierre im Alter von fünfzehn; er betrachtet die Szene aus seiner Vergangenheit im beschützenden Beisein einer Tante.

Als es vorbei ist, gibt Pierre sich gegenüber dem Leiter wieder recht lässig. Wir haben jedoch gesehen, wie sehr ihn die Szene gefesselt hat. Er erzählt, daß er vielleicht bald nach Europa reisen wird, um seine Großeltern zum erstenmal seit seiner Kindheit zu sehen.

*Auf einem Workshop kommt Laine, eine junge Frau, die allein lebt,
in den Erzählerstuhl, ohne eine bestimmte Geschichte im Sinn zu
haben. Sie spürt, daß sie in ihrem Leben an einem Wendepunkt
angekommen ist, und möchte herausfinden, welche Möglichkeiten
ihr die Zukunft bietet. Der Leiter ermuntert sie, sich einen Augenblick ihres Lebens vorzustellen, der sich in fünf Jahren ereignen wird.
Laines Kreativität reagiert auf die einfühlsamen Fragen des Leiters,
und es entsteht ein lebhaftes Bild von ihr. Sie sieht sich als berühmte
und erfolgreiche Schauspielerin am Ende einer Aufführung, die
zugleich anrührend und komisch war. Dann geht sie nach Hause zu
ihrer Familie.*

»Wieviel Kinder werden Sie haben?« fragt der Leiter.

*»Vier«, sagt Laine ohne Zögern. Sie alle haben Namen und ein be-
stimmtes Alter.*

»Wie ist, in einem Wort ausgedrückt, Ihr Mann?«

»Warmherzig und humorvoll.«

Als die Szene gespielt wird, trocknet sich Laine die Tränen.

»Ich hoffe es, ich hoffe es so sehr«, sagt sie.

Diese beiden Erzähler sind das Risiko eingegangen, ihre Verletzlichkeit auf die Playback-Bühne zu bringen. Ihr Gespür dafür, daß
es ihnen guttun könnte, hat sie dazu gebracht, ihre Geschichten
zu erzählen. Was haben sie dadurch gewonnen? Der Wert, den
dies für Pierre haben kann, liegt vor allem darin, seine Erlebnisse
öffentlich kundzutun. Während des Interviews war er gegenüber
dem Leiter beinahe trotzig und abwehrend, vielleicht, um sich vor
seinen Gefühlen angesichts eines so beschämenden Ereignisses in
der eigenen Familie zu schützen. Er erlebte jedoch, daß Schauspieler und Zuschauer gleichermaßen seiner Geschichte mit Teilnahme und Respekt begegneten. So war sein Sarkasmus am Ende
der Szene viel milder. Sicherlich profitierte Pierre auch davon, diesen Augenblick in Fleisch und Blut dargestellt zu sehen, anstatt

nur vor seinem geistigen Auge, wo er zweifellos sein Leben lang immer wieder vorbeigezogen war. Dadurch, daß er sah, wie diese schmerzliche Erinnerung nach außen getragen wurde, lernte er, sie zu meistern. Dies wird ihm, wenn er seine Großeltern zum erstenmal als Erwachsener sieht, sicher zugute kommen.

Laine, die ihre Geschichte im engen und vertrauten Kreis eines Workshops erzählte, appellierte bewußt an die kollektive Kreativität der Gruppe, die nicht nur im Spiel selbst zum Ausdruck kam, sondern auch in der allgemeinen Atmosphäre, die so viele Möglichkeiten der Imagination bietet. Es war ihre eigene Vision, aber sie konnte sie nicht allein zum Leben erwecken. Wahrscheinlich hätte sie sich auch in ihrer Phantasie nicht frei genug entfalten können, um das Szenario zu finden, das ihren sich noch entwickelnden Bedürfnissen und Wünschen entsprach.

Viele Leute, die vom Playback-Theater hören oder es kennenlernen, fragen: »Ist das Theater oder Therapie?« Sie erleben, daß jemand wie Laine zum Taschentuch greift, daß Leute von Schmerz und Verlust sprechen und die Darsteller wesentlich teilnahmsvoller sind, als von Theaterleuten zu erwarten ist. Sie sind weder unnahbar noch glamourös, auch wenn sie viel Talent haben. Manche Zuschauer mögen von der Gestalt des Playback überrascht sein, weil hier Elemente eingebunden scheinen, von denen sie glaubten, daß sie nicht zusammengehören. Die Werte und Verfahren des Playback-Theaters stehen in der Tat in deutlichem Kontrast zu den funktionalen Trennungen, die in der modernen Gesellschaft gang und gäbe sind. Heilen und Kunst sind *beide* integraler Bestandteil dessen, was das Playback beabsichtigt.

Leute, die Playback machen, haben es gelernt, mit dieser Zweigleisigkeit und ihrer Wirkung in der Welt zu leben. So wie die tägliche Aufgabe, Playback-Theater Leuten zu erklären, durchaus nützlich ist, hat sich auch die Mühe, unsere Arbeit gegenüber skeptischen Freunden und Verwandten zu rechtfertigen, gelohnt.

Viele von uns haben die Erfahrung gemacht, daß Anerkennung, auch in Form von Stipendien, schwer zu erlangen ist. Während es bei den für die Förderung der Kunst zuständigen Stellen gern heißt: »Sie sind zu therapeutisch; offensichtlich fühlen Sie sich nicht ausschließlich dem Theater verpflichtet«, ist unsere Arbeit für Wohlfahrtseinrichtungen meist in *hohem* Maße künstlerisch. Ironischerweise geraten neuere Gruppen seltener in diesen Konflikt, denn sie können nun schon auf eine langjährige Playback-Theater-Tradition verweisen.

Playback in der Therapie

Viele, die heute Playback-Ausbildungen machen, stammen aus helfenden Berufen. (Manche sind Drama-Therapeuten oder kommen vom Psychodrama her, bereits vertraut mit der therapeutischen Wirksamkeit von Drama, das eingesetzt wird, um die persönliche Erfahrung zu erkunden.) Sie nutzen zunehmend die heilenden Fähigkeiten des Playback bei ihrer Arbeit im Krankenhaus, in Kliniken, bei stationärer und Tagesbetreuung und in der Privatpraxis. Der allgemeine therapeutische Nutzen dieses ritualisierten Geschichtenerzählens kann auch wirksam sein im Umgang mit Kindern und Erwachsenen, die unter emotionalen Störungen und seelischen Krankheiten leiden. Menschen, die in Behandlung sind, haben ein dringendes Bedürfnis, ihre Geschichten zu erzählen, und sie haben weniger Gelegenheit dazu als wir.

Wenn Leute, die in der Psychiatrie arbeiten, zum erstenmal mit Playback konfrontiert werden, zeigen sie sich oft besorgt über die Gefahr, Leute »zu öffnen«, indem man sie auffordert, ihre Geschichten zu erzählen. Wenn sie aber mit der Form besser vertraut sind, erkennen sie, daß mehrere Faktoren die Erzähler davor bewahren, die schützenden Grenzen zu verlieren. Einer ist das Geschick des Therapeuten und Leiters, der gelernt hat, das Erzählen der Geschichten mit ärztlicher Sorgfalt und Einfühlsamkeit zu lenken. Ein weiterer Faktor ist die distanzschaffende Wirkung der Form. Es entsteht eine Art eingebauter Kontrolle durch die Tatsache, daß der Erzähler die Handlung sieht, aber nicht an ihr teilnimmt. Drittens folgen fast alle Erzähler, ob sie Psychiatriepatienten oder einfach normale Bürger sind, einem angeborenen Gespür für das, was man in einem bestimmten Rahmen erzählen kann und was nicht. Ich habe nur selten erlebt, daß diese Grenze verletzt wurde, auch wenn es keinerlei Vorgaben über das zu Erzählende gab. Erzähler im Playback erfassen instinktiv, welche Stufe der Selbstenthüllung sicher für sie ist. Dies hängt von Faktoren wie der Größe der Gruppe und wer anwesend ist ab.

Das Mitteilen von Geschichten findet immer in einer Atmosphäre statt, die nicht nur sicher, sondern grundlegend wohlwollend und liebevoll ist. Es ist eine therapeutische Umgebung, die in gewisser Weise dem »bedingungslosen positiven Blick« aus Carl Rogers personenzentrierter Therapie ähnelt (einem Ansatz, der leider in der privaten Behandlung wesentlich verbreiteter ist als in Behandlungszentren). Die ästhetische Dimension ist von ebenso großer Heilkraft für verstörte Patienten wie für jeden sonst, möglicherweise noch mehr. Viele verstörte Menschen brauchen dringend eine Erfahrung, die ihnen einen Hinweis darauf geben kann, daß es ein verborgenes Muster gibt, das ihrem Leid einen gewissen Sinn verleiht. Schönheit jeder Art ist im Leben unserer verstörtesten Mitmenschen Mangelware, und sie sind diejenigen, die sie am meisten brauchen.

Ebenso brauchen sie Gelegenheit, ihre eigene Kreativität, Phantasie und Spontaneität zu erproben. Ausgehend von solchen Erfahrungen beginnt ihr Sinn dafür, daß sie Herr über ihr Leben sind, zu wachsen und führt zu größerer Autonomie und Gesundheit.

In einem Heim für seelisch schwer gestörte Kinder haben sich zehn Jungen und Mädchen zwischen sieben und zehn in der Turnhalle versammelt, um Playback-Theater zu erleben. Die meisten von ihnen haben Playback schon mehrere Male gesehen. Die Schauspieler sind Mitarbeiter – Krankengymnasten, Beschäftigungstherapeuten, ein Lehrer und ein Psychologe –, die regelmäßig für die Kinder und die anderen Mitarbeiter spielen. Die zweite Geschichte erzählt Cosmo. Ich wähle ihn, weil er so schrecklich enttäuscht war, daß er nicht die erste Geschichte erzählen durfte, auch hatte er sich beklagt, daß er schon beim letzten Mal nicht drangekommen war.

Cosmo antwortet auf meine erste Frage; seine Geschichte ist verworren und dreht sich um eine ganze Reihe verschiedener Themen. Sein Bezug zur Realität scheint recht schwach zu sein. Dies ist oft bei Kindern der Fall, die mit Traumatisierungen zu kämpfen haben. Ich helfe ihm, bei einer Sache zu bleiben, indem ich ihn frage, wen er in seiner Geschichte sehen möchte, da das »Was?«, »Wo?« und »Wann?« uns nicht weiterbringt. Seine Mutter, sagt er. Ein trauriges Szenario nimmt Gestalt an. Cosmo ist bei seinen Pflegeeltern. Sie begreifen nicht, daß er sich große Sorgen um seine Mutter macht, die wegen Drogenkriminalität im Gefängnis sitzt.

Die Schauspieler, von denen die meisten ihn gut kennen, entwickeln eine Szene aus den Elementen, die Cosmo geliefert hat. Sie gipfelt in einem ergreifenden Gespräch zwischen Cosmo und seiner Mutter. Karen, die die Mutter spielt, spricht von ihrem Platz hinter einem aus Milchkästen gebauten Gitter, der Darsteller des Erzählers liegt im Bett. Es ist, als sprächen ihre Herzen zueinander. Die Mutter sagt ihm, wie traurig sie sei und wie leid es ihr tue. Sie sagt, sie hoffe, es werde besser werden, sie wisse es aber einfach nicht. Ihr Sohn hört zu und sagt ihr, wie sehr er sie liebt und wie viele Sorgen er sich um sie macht. Mehr können sie nicht tun. Es gibt keine leichten Antworten und kein glückliches Ende.

Cosmo ist völlig absorbiert von der Szene, ebenso wie die meisten anderen Kinder. Er ist nicht der einzige, dessen Leben durch einen drogenabhängigen Elternteil aus der Bahn geworfen wurde. Einige Kinder fangen an zu kichern, um ihre innere Anspannung loszuwerden.

»Das ist nicht komisch«, sagt Cosmo drohend. »Sie wissen, daß es nicht komisch ist«, flüstere ich ihm zu. »Schau dir die Geschichte an.«

Nach einer weiteren Szene beenden wir die Veranstaltung mit Malen, einer ruhigeren Beschäftigung. Die Kinder lassen sich dazu mit ihren Betreuern und Mitgliedern der Playback-Gruppe auf dem Boden der Turnhalle nieder. Auf diese Weise fällt es ihnen leichter, ein Ende zu finden, bevor sie in ihre Wohneinheiten zurückgehen. Cosmo malt ein riesiges Herz mit Stäben darüber, und seine Mutter schaut aus einem winzigen Fenster in der Mitte.

Welchen therapeutischen Nutzen konnte Cosmo aus dieser Erfahrung ziehen? Es bedeutete ihm sehr viel, Gelegenheit zu haben, seine Geschichte zu erzählen. Trotz seiner anfänglichen Verwirrung war die Geschichte, die dann ans Licht kam, die wichtigste in seinem Leben, mit der er Tag und Nacht leben muß und die alle anderen Ereignisse seines Lebens mitbestimmt. Er hatte ein starkes Bedürfnis, dies zu erzählen, es seinen Kameraden und den Mitarbeitern mitzuteilen; er wollte sich in dieser Hinsicht seiner Identität versichern, um sich selbst zu begreifen und damit andere diesen Teil von ihm verstehen lernten.

Es war sehr wichtig, daß diese Geschichte in einer verständnisvollen Atmosphäre erzählt wurde. Bei solchen Playback-Aufführungen achten wir immer darauf, daß die Zuschauer den Erzählern auf freundliche und respektvolle Art zuhören. Unsere eigene aufmerksame Reaktion auf jeden Erzähler hat Vorbildcharakter. Bedenkt man die großen Probleme dieser Kinder und das rauhe Klima, das dort herrscht, ist es erstaunlich, in welchem Maß sie in der Lage sind, gegenseitig ihre Geschichten anzuhören und der Darstellung mit teilnehmender Aufmerksamkeit zu folgen. Ich muß sie oft dazu ermahnen, aber sie scheinen in der Lage, bis zu einem gewissen Grad ihre sonst übliche grobe Art der Interaktion zurückzustellen. Cosmo fühlte sich sicher genug, die Geschichte, die ihn am meisten verletzte, zu erzählen, da er wußte, daß die besondere Form des Playback einen Rahmen schaffen kann, der ausreichend Geborgenheit bietet.

Schon oft haben Kinder auf unseren Veranstaltungen solche Enthüllungsgeschichten erzählt. Ich glaube, sie fühlen sich dabei auch deshalb so sicher, weil ihre Geschichten einfach geschildert und dargestellt werden. Wir analysieren sie nicht, diskutieren nicht darüber, wenn wir auch unser Wissen über das Kind in die Art, wie wir die Szene spielen, hineinnehmen. Bei Cosmos Szene wußte Karen, die seine Mutter spielte, daß es wenig Hoffnung gab, daß diese Frau für Cosmo jemals eine Mutter werden kann, wie Cosmo sie braucht und verdient. Was immer Cosmo über ein Wiedersehen und eine Erfüllung seiner Wünsche träumt, ihr bisheriges Leben macht es unwahrscheinlich, daß sie sich je aus dem zerstörerischen Teufelskreis von Sucht, Verbrechen und Gefängnis befreien wird. Karens Wissen darüber beeinflußte ihre Art des Spiels. Ihre Worte brachten die Liebe und Reue der Mutter zum Ausdruck, vermieden aber jede allzu optimistische Botschaft. Sie fand einen Weg, ihm zu sagen, sie würde an ihn denken und ihn lieben, was immer geschehe. Weiter reichte Karens Interpretation nicht. Es war ein Versuch, innerhalb des gegebenen Rahmens eine Botschaft weiterzugeben, die zu Cosmos Heilung beitragen könnte.

Durch Erzählen und Darstellen dieser Geschichte wurden wirre, schmerzliche Gedanken, Gefühle und Bilder durch die kreative Kunst der Schauspieler zu einem Theaterstück. Durch ihren ästhetischen Sinn für Geschichten im Zusammenspiel mit ihrer

Anteilnahme und ihrem Verständnis waren sie in der Lage, eine in sich stimmige und zufriedenstellende Form für Cosmos Erfahrungen zu finden. Wie ich weiter oben sagte, kann die Kunst wesentliche Elemente des Lebens herausgreifen und in Formen bringen, die einen Sinn haben, einem bestimmten Muster und einer Absicht folgen. Die Tatsachen in Cosmos Leben konnten durch das Erzählen einer Geschichte nicht verändert werden. Sein Schmerz jedoch ließ sich zu einem gewissen Grad mildern – durch die Erfahrung, daß dieser in einen geordneten Zusammenhang gebracht und künstlerisch verwandelt wurde. Die *Kunst* spielte bei der Heilung eine wesentliche Rolle.

In einer psychiatrischen Klinik ist ein neuer Patient, der alle nervös macht. Er ist groß und laut, und ihn umgibt die bitter-zynische Aura des Vietnam-Veteranen. Er wird in eine Psychodrama-Gruppe geschickt.[4] Judy, die Leiterin, ist auch im Playback erfahren.[5] Eines Tages wird Adam zum Mittelpunkt des Geschehens, denn er ist nicht bereit, in einem Psychodrama die Hauptrolle zu spielen. Judy spürt, daß die anderen Mitglieder der Gruppe gern einen Ausweg finden möchten, und fordert ihn auf, eine Geschichte zu erzählen. Es solle im Playback-Stil geschehen; die anderen Patienten würden sie spielen, und er könne dabei zuschauen.

Adam erzählt, daß er in einer Familie aufwuchs, in der Gefühle nicht anerkannt und nie zum Ausdruck gebracht wurden. Eines Tages wurde der alte Hund der Familie sehr krank. Adam zeigte seinen Eltern nicht, wie besorgt er war, und ging ins Bett, wie sie es ihm befahlen. Später aber lief er wieder nach unten und legte sich zu dem Hund, den er tröstete, was ihm auch selbst guttat.

Als Adam diese Szene sieht, weint er. Er weint sehr lange und erzählt später allen, er habe jahrelang nicht weinen können.

In den nächsten Tagen beginnt Adam, mit mehreren der instabilsten Patientinnen auf der Station engere Beziehungen aufzuneh-

men. Manche Mitarbeiter machen sich Sorgen um die Frauen und sind böse auf Adam, weil er deren Stabilität gefährde. Judy fragt sich, ob Adam nach einer Möglichkeit sucht, seine Zärtlichkeit zu erproben, wie er es mit dem Hund tat. Obwohl sie darüber nicht mit Adam redet, hat sie das Gefühl, daß er vorher bereits ähnliche Verbindungen eingegangen ist, als er ihr bei seiner Entlassung erzählt, er habe über eine Menge nachzudenken.

Inzwischen entwickeln sich einige der Fragen, die durch Adams Geschichte angesprochen wurden, bei anderen Mitgliedern der Gruppe weiter. Eine der Frauen, um die er geworben hat, sagt in einer Gruppensitzung, sie beginne zu begreifen, daß sie möglicherweise die Gewohnheit angenommen habe, das kränkliche Opfer zu spielen, eine mitleiderregende, bedürftige Kreatur zu sein wie Adams Hund. Sie war nicht dabei, als er seine Geschichte erzählte, und doch ist die Einsicht, die sie vermittelte, ein Teil der kollektiven Geschichte der Gruppe geworden. Eine weitere Entwicklung liegt darin, daß die Gruppe sich dem heiklen Thema der Rassenbeziehungen öffnet. Adam ist weiß, und er wählte einen schwarzen Patienten, der seinen geliebten Hund spielen, und einen weißen, der ihn selbst darstellen soll. Beim Spielen ist der Darsteller des Erzählers erst verlegen, weil er Zärtlichkeit zum Ausdruck bringen soll, vielleicht besonders verlegen gegenüber einem schwarzen Mitspieler. Adams Emotionen beim Betrachten der Szene nehmen dem Darsteller des Erzählers die Hemmungen, und es gelingt ihm, sehr viel Überzeugungskraft in sein Spiel zu legen. Die Gruppe sieht diese beiden Männer, einer schwarz, einer weiß, in liebevoller Umarmung. Dieses Bild bleibt über Adams Geschichte hinaus bestehen und wird zu einem menschlichen, positiven Ausgangspunkt, das Rassenproblem offen zu diskutieren, ein potentiell explosives Thema, das innerhalb der Gruppe schon lange unausgesprochen im Raum gestanden hatte.

Oft waren es bislang die Psychodrama-Therapeuten, die im Play-back-Theater ein klinisches Instrument sahen. Man benutzte es zur Vorbereitung; spielte Geschichten im Playback-Stil mit Patienten, die noch nicht in der Lage waren, in einem voll entwickelten Psychodrama mitzuwirken. Manchmal wurde Playback auch anstelle des Psychodramas verwendet, vielleicht mit einem Protagonisten, der zu verletzlich war, um mitten in der Geschichte zu stehen, und für den die Distanz, die durch den Erzählerstuhl gegeben ist, heilsamer war. In der Privattherapie konnten Einzelpatienten, Familien oder Paare ihr Leben und ihre Beziehungen auf neue, kreative Weise sehen, was zu Einsicht und Veränderungen führen kann. In der Behandlung von Drogenabhängigen bildet das Playback-Theater ein wertfreies, nicht bedrohliches Forum, in dem Patienten den Mut aufbringen können, sich selbst zu betrachten und dabei ehrlich zu sein.

Praktische Möglichkeiten

Es gibt verschiedene Arten, in denen Playback-Theater im Klinikbereich verwendet werden kann. Dies hängt von den Bedürfnissen der Kranken ab, von den Mitarbeitern, vom Geld und anderen Faktoren. Hier seien einige Möglichkeiten genannt:

Die Arbeit kann von einem Arzt geleitet werden, der allein ist oder zusammen mit Mitarbeitern, die sich im Playback auskennen (auch engagierte Mitarbeiter, selbst wenn sie noch neu im Playback sind, können eine wertvolle Hilfe darstellen). Manchmal sind wie bei Adams Geschichte andere Patienten einer Therapiegruppe durchaus in der Lage, in den gegenseitigen Geschichten als Darsteller zu fungieren. In so einem Fall kommt die Heilung sowohl den Darstellern als auch dem Erzähler zugute. Es ist von hohem therapeutischem Wert für eine Patientin, wenn sie merkt, daß sie in der Lage ist, in der Geschichte eines anderen eine Rolle zu übernehmen. Plötzlich ist sie im Besitz von Gaben, die sie verschenken kann, und nicht mehr nur durch ihre Defizite definiert. Die Kreativität, die psychiatrische Patienten entwickeln, wenn sie in einer Geschichte mitspielen, kann ihrer eigenen Entwicklung nutzen. Desgleichen kann die Geschichte einer Person Themen zur Sprache bringen, die auch für andere wichtig sind oder für die Gruppe als ganze.

Therapeutische Playback-Veranstaltungen können stattfinden, wenn eine Truppe für eine oder eine Reihe von Aufführungen in eine Einrichtung eingeladen ist. In einem Therapiezentrum, das Sexualstraftäter und Drogenabhängige innerhalb des Klerus behandelt, gehören zum Therapieplan regelmäßige Besuche der örtlichen Playback-Theater-Gruppe. Bei solchen Aufführungen wird der Hauptteil der Darstellung durch die Mitglieder der Gruppe geleistet, manchmal durch Patienten, die in bestimmten Szenen Rollen übernehmen.

Damit auch Kranke Playback erleben können, die nicht in der Lage sind, selbst zu spielen, bietet es sich an, im Haus eine Gruppe aus Mitarbeitern zu bilden. Die Gruppe, die Cosmos Geschichte spielte, war eine solche. Die Mitglieder gehen in der Mittagspause regelmäßig zu Proben, um Playback-Theater zu lernen, und sie spielen etwa einmal im Monat für Kindergruppen. Einer der Vorteile solcher Gruppen ist, daß sie mit der in dieser Einrichtung herrschenden Kultur und den laufenden Vorkommnissen und mit den Kindern vertraut sind. Diese Vertrautheit bereichert ihre Arbeit erheblich. Die Kinder lieben es, in Szenen mitzuspielen, genauso, wie sie gerne Geschichten erzählen. Sie können aber noch nicht richtige Playback-Darsteller sein, zumindest nicht bei Aufführungen. Wenn solche Kinder erfolgreich die Rolle eines anderen spielen sollen, bräuchten sie mehr Strukturiertheit und Beaufsichtigung, als es eine Aufführung ermöglicht.

Ziele und Anpassung

»Wenn der Leiter Playback-Theater mit psychisch Kranken macht, muß er Gruppenprozesse und Soziometrie[6] besonders sorgfältig beachten, um das sich ständig verändernde Gleichgewicht der Bindungen, Identifizierungen und Probleme, die es in jeder Gruppe gibt, aufrecht zu erhalten.«

Der Erfolg des Playback hängt von der Gruppendynamik ab. Selbst mit psychisch verletzten Menschen ist es möglich und notwendig, sicherzustellen, daß Geschichten ausgewählt, erzählt und auf eine Art und Weise gespielt werden, die Vertrauen und Achtung fördert.

Bietet man Playback im Rahmen von Krankenhäusern an, verlangt dies Einfallsreichtum, um die Form den Bedürfnissen der Patienten und der allgemeinen Situation anzupassen. So kann man zum Beispiel das Tempo drosseln, damit der Leiter sicher sein kann, daß jedes Element der Geschichte (nicht wörtlich, sondern inhaltlich) mit dem Erlebnis des Erzählers übereinstimmt. Der Leiter kann auch mit der Situierung der Szene experimentieren, indem er versucht, die Distanz zu der Handlung zu schaffen, die dem Erzähler größte innere Beteiligung ermöglicht, ohne daß er überwältigt wird. Als Leiter kann man den Erzähler bitten, in strategisch wichtigen Momenten in die Szene einzutreten, wodurch eine Mischform von Playback und Psychodrama entsteht. Man kann auch mit nur einem Erzähler arbeiten und eine Reihe von Szenen spielen, wobei jede auf der vorherigen basiert. Manche Formen des Playback können in einer bestimmten Situation funktionieren, andere nicht. Die Gruppe, die für gestörte Kinder spielt, hat herausgefunden, daß Pairs für diese Kinder zu abstrakt sind, und deshalb verwenden wir keine Pairs bei unseren Aufführungen. Andere stellen vielleicht fest, daß Fluid Sculptures viele Reaktionen hervorrufen und verwenden diese dann für längere Szenen. Playback kann einer neuen Art der Konfliktlösung dienen, wenn miteinander streitende Gruppenmitglieder nacheinander ihre Geschichten erzählen und dann die Stories der anderen sehen. Die volle, urteilsfreie Aufmerksamkeit für jede Geschichte und daß beide hintereinander dargestellt werden, statt gleichzeitig aufeinanderzuprallen, scheint ein Klima zu schaffen, in dem Gegner aufhören, beharrlich an ihrer Position festzuhalten. Denn sie haben das Gefühl, daß man ihnen hundertprozentig zuhört. Playback kann zur Problemlösung eingesetzt werden, wie es in Boal's Forumtheater *(Teatro de Arena)* und bei anderen Formen geschieht, bei denen Zuschauer aufgefordert werden, den Geschichten der Erzähler ein anderes, passenderes Ende zu geben.

Beziehungen sind wichtig

Die Sicherheit und Wirksamkeit dessen, was in einer Playback-Theater-Therapiegruppe geschieht, hängt in mancher Hinsicht davon ab, welche Art der Kontinuität und Beziehung zum sonstigen Klinikpersonal besteht. Verstehen und unterstützen sie, was hier geschieht? Gibt es Möglichkeiten, daß andere Mitarbeiter die Ereignisse in der Playback-Gruppe nachvollziehen können? Ein Teil der Arbeit könnte auch darin bestehen, den übrigen Mitarbeitern, Ärzten und Pflegepersonal, etwas über Playback zu vermitteln, vielleicht indem man ihnen Gelegenheit gibt, es selbst auszuprobieren.

Auch dies ist eine Situation, in der der Leiter die Rolle des Organisators und Diplomaten ausüben muß. So schwierig dies unter bestimmten Bedingungen sein kann – entweder weil es einen Mangel an Aufnahmebereitschaft oder weil es zeitliche Probleme gibt –, es ist wichtig, eine Atmosphäre zu schaffen, in der Patienten, die ihre Geschichten kundtun, Geborgenheit erfahren und in der ihnen heilende Wirkung zuteil wird. Was in einer Playback-Gruppe oder bei einer Aufführung geschieht, muß mit den anderen Aspekten ihrer Behandlung in Einklang gebracht werden.

Der Therapeut als Künstler

In einer Tagesklinik veranstaltet ein in Playback ausgebildeter Therapeut einmal pro Woche mit acht erwachsenen Patienten eine Playback-Gruppe. Janice erzählt eine Geschichte:

»Es passierte heute morgen auf dem Weg hierher. Ich stieg aus dem Bus und sah am Rand des Krankenhausgeländes einen kleinen Vogel, der aussah, als könne er nicht fliegen.« Dan, der Leiter, unterbricht sie freundlich:

»Janice, wer spielt deine Rolle in der Geschichte?«

Sie sieht die anderen an: »Ich glaube, Sue.«

»Und wie fühltest du dich, in einem Wort ausgedrückt.«

Janice grinst ihn an. Sie weiß, daß dies keine zufällige Frage ist. »Gut, es geht mir gut.«

Er bittet sie, jemanden auszusuchen, der den Vogel spielen soll. Sie wählt Damon aus. »Hilflos« ist ihr Wort für den Vogel. Dann erzählt sie weiter: »Ich stand also da und sah den armen kleinen Kerl an und fragte mich, was ich tun soll. Ich wollte ihn nicht einfach allein lassen. Es war doch ganz nah an der Straße. Ich fürchtete, er könnte vor ein Auto hüpfen und zerquetscht werden, leb wohl, Vögelchen.« Sie macht eine flatternde Bewegung mit den Fingern und lacht nervös. »Wenn ich ihn aber aufhebe, riechen vielleicht die anderen Vögel meine Hand und picken ihn tot. Das habe ich gedacht. Und das war's.«

»Wie ging es aus, Janice?«

»Ich ließ ihn dort und kam hierher.«

Die Geschichte wird gespielt. Danach bittet Dan die Schauspieler, auf der Bühne zu bleiben, und Janice, den Erzählerstuhl noch nicht zu verlassen.

»Janice, schau dich dort drüben an. Schau den kleinen Vogel an. Woran erinnert er dich?«

»Ich glaube, der Vogel ist ein bißchen wie ich.«

Dan nickt ermutigend. »Wer ging weg, als du klein und hilflos und verletzt warst, Janice?«

Sie zögert. »Meine Mutter, nehme ich an.«

Durch Dans Fragen entsteht eine neue Geschichte oder, besser gesagt, eine alte. Die Geschichte von Janice' Mutter, die sie in der frühen Kindheit im Stich gelassen hat. Auch diese Geschichte wird gespielt. Janice ist bewegt und auch einige der anderen. Es folgt eine lange Diskussion über alte Wunden und Gefahr und Helfen oder Nichthelfen, darüber, unterstützt oder im Stich gelassen zu werden.

Bei diesem Beispiel benutzt der Therapeut und Leiter die Geschichte als Mittel, Janice' früher traumatischer Kindheitserfahrung näher zu kommen. Ein solcher psychodynamischer analytischer Gebrauch eines persönlichen Erlebnisses kann sehr wirksam sein – wie wir oben sehen können, kann ein heutiges Ereignis das Echo einer anderen, vielleicht schmerzlichen Erfahrung des Erzählers enthalten. So kann das Playback-Verfahren genutzt werden, um solche Echos deutlich auszusprechen und um das Unbewußte ins Bewußtsein zu heben, nach Freud das Ziel der Psychotherapie überhaupt.

So therapeutisch diese Art der Arbeit sein kann, die heilende Kraft des Playback kann durch solche Anwendungen auch behindert werden. Etwas geht verloren.

Die Bedeutung eines persönlichen Erlebnisses liegt oft unter mehreren Schichten verborgen. Stellen Sie sich einen Akkord vor, der die gesamte Klaviertastatur umspannt. Man hört vielleicht gerade noch die tiefe Baßnote, die fast unterhalb der Hörgrenze schwingt. Wenn man alle Harmonien und Dissonanzen entfernt, die oberhalb erklingen, wird der Grundton geschwächt. Wie in diesem Musikakkord liegt auch die Bedeutung einer Playback-Geschichte irgendwo mitten in der dynamischen, klingenden Beziehung zwischen allen Elementen und allen Echos, welche die Schichten der Anspielungen miteinander verbinden.

In unserem Beispiel lenkte Dan, der Leiter, Janice' Geschichte mit fester Hand in die Richtung einer bestimmten Bedeutungsfacette. Er arbeitete nach dem Prinzip des Psychodramas, nach dem bedeutsame gegenwärtige Erfahrung immer mit frühen Kindheitstraumata zu tun hat. So wahr dies sein mag, mir scheint, daß dieser Aspekt nicht isoliert werden muß, damit der Patient daraus lernt und sich weiterentwickelt. Die größte Kraft der Geschichte und ihre größte Wirkung liegen vermutlich in der Vielfalt ihrer aufeinander bezogenen Bedeutungen. Dans Umgang mit der Geschichte hat möglicherweise ihre heilende Wirkung für Janice geschwächt.

Was in solchen Momenten verlorengeht, ist die heilende Wirkung, die insbesondere durch Kunst erzeugt werden kann, die über Anspielungen und Metaphern wirkt, durch das Appellieren an Phantasie, Intuition und Kreativität und durch die Würdigung der Schönheit. Wäre Janice' Geschichte, so, wie sie sie erzählte, voll gewürdigt worden, hätte sie – und die anderen Gruppenmitglieder mit ihr – ein reiches und suggestives Bild vor Augen gehabt, dessen Bedeutungen für jeden einzelnen ganz anders zum Vorschein gekommen wären. Als Leiter hätte Dan die therapeutische Wirkung der Geschichte hervorheben können, ohne auf Interpretationen zurückzugreifen. Zum Beispiel hätte er die Darstellerin der Erzählerin ermutigen können, diese Rolle mit all ihrer Ausdruckskraft zu spielen; oder er hätte eine Transformation anbieten können. Vielleicht wäre Janice, wenn sie ihr Erlebnis so dargestellt gesehen hätte, wie es sich ereignete, dazu inspiriert worden, sich eine Erfüllung dieses Augenblicks vorzustellen, die für sie und die Gruppe etwas Heilsames gehabt hätte, auf allen miteinander verwobenen Ebenen.

Ein Grund, weshalb Dan nicht glaubte, daß diese Geschichte für sich allein stehen könnte, war vielleicht sein Mangel an Sicherheit auf künstlerischem Gebiet, seine mangelnde Vertrautheit mit der Rolle eines Künstlers. Wenn Ärzte Playback in ihre Arbeit einbeziehen, ist dies wohl die größte Schwierigkeit, die sie überwinden müssen: Wie kann etwas, was unter anderem auch eine Kunstform ist, in die ärztliche Arbeit integriert werden? Obwohl Leute wie Dan selbst erlebt haben, welch starke heilende Kraft Kreativität und Kunst und die Geschichten in Workshops und auf Proben hatte, fühlen sie sich als Ärzte sicherer denn als Künstler. Vielleicht widerstrebt es ihnen, bei ihrer Arbeit angesichts der Bedürfnisse und der Empfindlichkeit ihrer Patienten, die ihnen ständig vor Augen stehen, dem vergleichsweise unstrukturierten Reich der Kunst zu vertrauen.

Die heilende Kraft ästhetischer Erfahrung ist noch unerforscht und wird nur teilweise verstanden. Wie jedes neue Gebiet kann sie zu Mißtrauen oder zumindest zu Vorsicht Anlaß geben. Dies kann sich jedoch ändern, da sich die Welt der Psychologie zunehmend Ansätzen aufschließt, die nicht nur phänomenologische Erfahrung, sondern auch Geschichten selbst würdigen, »der Königsweg zur Erkenntnistheorie«[7].

Mittlerweile gibt es andere, die in ihrer therapeutischen Arbeit das künstlerische Playback-Verfahren anwenden. Sie haben herausgefunden, daß man selbst mit einer Gruppe psychisch Kranker in einem sterilen Klinikraum auch ohne assistierende Playback-Schauspieler der Kunst einen Platz einräumen kann. Man kann die Bedeutung des rituellen Rahmens weitergeben, man kann den Ort mit farbigen Requisiten verändern und Stühle aufstellen, damit es aussieht wie im Theater. Man kann dem Künstler, der in einem steckt, die Freiheit geben, das Poetische der Geschichten, die erzählt werden, zu erkennen und zu würdigen, und man kann die Teilnehmer anregen, ihre eigene Kreativität zu entdecken, wenn sie die Geschichten der anderen zum Leben erwecken. Man kann der Fülle einer Geschichte vertrauen, um ihre vielschichtige Bedeutung festzuhalten, und sich darauf verlassen, daß der Erzähler die Weisheit und Einsicht der Gruppe, wie sie in der Szene zum Ausdruck kommt, annimmt, in dem Maß, in dem er dazu in der Lage ist.

Heilen und Kunst sind miteinander verflochten

Die zunehmende und erfolgreiche Anwendung von Playback-Theater macht es seltsamerweise schwerer zu erklären, was Playback ist, da es vielen Menschen zum erstenmal in therapeutischen Zusammenhängen begegnet. »Nein, es ist nicht in erster Linie ein therapeutisches Verfahren, man kann es nur auch als solches verwenden; nein, man muß kein Therapeut sein, um dies zu tun; ja, wir veranstalten Playback in Theatern mit allgemeinem Publikum, aber auch da achten wir darauf, daß es eine heilende Wirkung hat, im weitesten Sinn, für jeden, auch für die Schauspieler.«

Wo immer Playback-Theater stattfindet und mit wem auch immer, es kommen dabei Elemente zusammen, die – wie so vieles – in unserer Kultur normalerweise getrennt sind. Sicher kann je nach Kontext mehr die Kunst oder die Therapie im Vordergrund stehen. Manche Gruppen oder Einzelveranstalter mögen es vorziehen, sich auf einen der Aspekte zu spezialisieren. Eine Gruppe, die oft in Theatern auftritt, legt womöglich größeren Wert auf das künstlerische Niveau der Aufführungen und Präsentationen. Ein Therapeut im Krankenhaus wird sein therapeutisches Wissen nutzen, das man bei normalen Aufführungen nicht braucht. Obwohl das Verhältnis dieser Elemente sich verändern kann, sind beide integraler Bestandteil des Playback. Kunst und Heilen sind ein unverzichtbarer Teil dieser Arbeit.

Anmerkungen

1 Peter Brook, »Or So The Story Goes«, PARABOLA 11/2, 1986.

2 Jo Salas, »Aesthetic Experience in Musik Therapy«, MUSIC THERAPY, 9. 1. 1990. S. 115.

3 Techniken und Ziele des Playback-Theaters verdienen eine wesentlich genauere Diskussion, als ich sie auf diesen Seiten leisten kann. Die folgenden Anmerkungen mögen zu weiterem Denken anregen, sollen aber keine Anleitung für die klinische Praxis sein. Diese muß durch ärztliches Können und Erfahrung unterstützt werden.

4 Das Psychodrama unterscheidet sich vom Playback-Theater durch seine Problemorientiertheit, die Länge des Dramas – oft eine Stunde oder mehr – und die Tatsache, daß der Erzähler, »Protagonist« genannt, in seinem eigenen Drama spielt. Zur Diskussion über die Unterschiede und Ähnlichkeiten zwischen beiden Methoden s. den Artikel von J. Fox »Die inszenierte persönliche Geschichte im Playback-Theater« in: PSYCHODRAMA. ZEITSCHRIFT FÜR THEORIE UND PRAXIS, Juni 1991.

5 Judy Swallow, ein Gründungsmitglied der ersten Gruppe und Direktorin des Community Playback Theatre.

6 Die Soziometrie ist eine wissenschaftliche Methode innerhalb der empirischen Sozialforschung, mittels derer Beziehungen zwischen einzelnen Mitgliedern einer sozialen Gruppe erfaßt

werden können. Begründet wurde diese Analyseform von Jakob Levy Moreno in den 1930er Jahren des 20. Jahrhunderts.

7 Bradford Keeney, AESTHETICS OF CHANGE, New York 1983, S. 195.

9. IN DER GEMEINSCHAFT

Streiflichter:

Wir treten in einem New Yorker Theater auf. Wir sind ein wenig nervös, weil es so sehr »theaterhaft« ist. Alles ist formeller, als wir gewöhnt sind. Hier gibt es eine Bühne, einen schwarzen Vorhang und Publicity. Die Zuschauer sind daran gewöhnt, hier Stücke zu sehen – was werden sie wohl von unserem Theater halten, das auf persönlicher Improvisation beruht? Die Aufführung beginnt, und uns ist klar, daß sie sich stark von denen unterscheidet, die wir zu Hause geben. Hier sind lauter New Yorker, die einander fremd sind, denen schon der Begriff der Gemeinschaft fremd ist. Wir können ihre Einstellung spüren: Jetzt zeigt mal was! Und wir fragen uns, ob wir dazu in der Lage sind. Wir halten uns an unsere Form und lassen die Geschichten aufeinanderfolgen. Langsam entstehen Ansätze von einer Beziehung zwischen uns und ihnen, aber auch unter den Zuschauern. Bei der Abreise haben wir das Gefühl, daß es nicht ganz ausgereicht hat. Es ist uns nicht wirklich gelungen, diese Intellektuellen in ein »Publikum von Nachbarn« zu verwandeln, wovon der Erfolg des Playback abhängt.

Eine weitere Aufführung in New York City. Diesmal sind wir an einer High-School in einem Armenviertel. Als die Eingangstür von einem bewaffneten Sicherheitsbeamten geöffnet wird, werden wir still. Er erzählt, auf dieser Treppe sei am ersten Tag nach den Ferien ein Schüler erschossen worden. In der Klasse, in die wir eingeladen wurden, warten etwa 30 Jugendliche auf uns. Sie sind alle schwarz. Wir sind alle weiß. Nur ihr Vertrauen zu ihrem Lehrer und die Achtung vor ihm bewahren uns davor, ausgelacht zu werden, bevor wir überhaupt begonnen haben. Nachdem wir angefangen haben, ist ihr

*Wunsch, gehört zu werden, stärker als ihr Argwohn. Wir bitten sie,
uns beim Spielen der Geschichten zu helfen. In ihrer Befangenheit
kichern sie viel, doch sie tun es. Ihre Geschichten erzählen von den
Ängsten und Gefahren, von denen sie umgeben sind. Sie leben in einem Kriegsgebiet, und weder Lehrer noch Eltern, noch das Gesetz
können ihnen Sicherheit geben. Am Ende, als wir unsere Sachen zu-
sammenpacken, kommt ein Junge zu uns. Er erzählt von seinen
Überlebensstrategien. Wir sind beeindruckt von seinem philosophi-
schen Humor, seiner Weisheit vielleicht.*

*Auf einem Kongreß für Familientherapeuten an einem College, das
im Sommer leersteht, soll unsere Vorstellung in einem Mehrzweck-
saal stattfinden, der die Ausmaße einer Turnhalle hat. Es ist kalt wegen der Klimaanlage. Die Reihen von Klappstühlen wirken durch
die hohe Decke und den riesigen glänzenden Boden winzig. Bevor
wir anfangen, bitten wir die Therapeuten, uns zu helfen, die Stühle
in einem Halbkreis aufzustellen, damit wir uns gegenseitig sehen
können. In diesem von den Zuschauern und unserer »Bühne« gebildeten Kreis tun wir unser Bestes, damit unter ihnen das Erlebnis von
Gemeinschaft und die gegenseitige Bestätigung, nach der sie suchen,
möglich werden. Sie erzählen Geschichten über seltsame frustrieren-
de oder triumphale Momente in ihren Therapiesitzungen und ihrem
Privatleben. Am Ende der Veranstaltung ist es wärmer im Raum.*

*Der Sozialarbeiter im Kreisgefängnis hat eine Playback-Aufführung
organisiert. Wir gehen hinter bulligen Männern mit Waffen und
Schlüsseln hinein. Ein Wärter durchsucht meine Tasche mit den Mu-
sikinstrumenten, dabei hält er jedes Tamburin und jedes Guiro in
die Höhe. Er betrachtet sie und denkt dabei an Waffen und nicht an
Musik. »Das und dies und jenes können Sie nicht mit hineinnehmen.« Die Gefangenen sind in einer fensterlosen Cafeteria versammelt, in der es nach Desinfektionsmitteln riecht. Sie machen einen*

freundlichen und erfreuten Eindruck auf uns. Ihre Geschichten han-
deln davon, wie sie in die Falle gingen, wie sie von ihren Freundin-
nen verlassen wurden, wie es sein wird, wenn sie freigelassen werden.
Nachher stehen sie nahe bei uns, suchen Kontakt. Am wichtigsten ist
ihnen, weiter Geschichten zu erzählen. Manche werden Gelegenheit
dazu haben: einer unserer Schauspieler will wiederkommen und ei-
ne Reihe von Workshops mit ihnen machen.

Wir sind in einem Tanzstudio unserer Heimatstadt. Hübsche Rund-
bogenfenster gehen auf die Straße hinaus, der Boden besteht aus gro-
ßen gewachsten Dielen. Der Raum ist voller Eltern und Kinder. Vie-
le von ihnen kennen wir, und sie kennen uns. Eine Geschichte nach
der anderen wird erzählt. Eine Mutter berichtet eine Kindheitserin-
nerung, von der ihre Kinder noch nie gehört hatten. Ein kleiner Jun-
ge wählt seinen Vater aus, damit er in seiner Geschichte von einem
Alptraum mitspielt. Die Vier- bis Siebenjährigen erzählen lauter
Geschichten darüber, wie sie sich verletzt haben; sie sind in diesem
Alter intensiv damit beschäftigt, ihren Körper beherrschen zu lernen.
Die Leiterin versucht, sie um der Abwechslung willen in eine andere
Richtung zu lenken. »Ich sehe, daß auch einige Großeltern unter uns
sind. Wer möchte eine Geschichte über ein Erlebnis erzählen, das er
mit seiner Oma oder seinem Opa hatte?« Drei Hände gehen in die
Höhe. »Ja, Jacob?« – »Ich bin die Hintertreppe heruntergefallen und
genäht worden.«

Dies sind kleine Berichte von Aufführungen mit unserer ersten
Playback-Gruppe. Die meisten anderen Gruppen könnten von
einem ähnlich breiten Spektrum von Aufführungen reden. Unser
Forum für Geschichten in alle Bereiche der Gesellschaft zu tragen, auch in solche, wo es normalerweise kein Theater gibt, ist
unser tägliches Brot, nicht immer unsere Belohnung, doch unsere Substanz.

Einen Raum für Playback schaffen

Bei den meisten oben erwähnten Aufführungen machten wir unsere Arbeit in einem Raum, der normalerweise für andere Zwecke genutzt wird. In manchen Fällen, im Gefängnis zum Beispiel, war der Raum völlig ungeeignet für das, was wir vorhatten. Nur bei der letzten, der Veranstaltung für Familien im Tanzstudio, wurde Playback-Theater ohne Abstriche willkommen geheißen. Der Raum war intim, ästhetisch, überall Zeichen für kreative Arbeit. Die Zuschauer fühlten sich dem Playback-Theater und einander verbunden.

Wenn Playback-Veranstaltungen nicht von vornherein so positiv aufgenommen werden – was meistens der Fall ist –, ist es unsere erste Aufgabe, alles Mögliche zu tun, um den Raum zu verwandeln. Teilweise geht es dabei nur um praktische Fragen. Wir brauchen eine bestimmte Fläche, um uns bewegen zu können und so weiter. Aber es ist mehr als das; den Raum herzurichten, ist Teil des Rituals, wie wir in Kapitel 7 bereits gesehen haben.

Je ungastlicher die Atmosphäre ist, desto mehr muß man nicht nur den Raum, sondern auch die Zuschauer vorbereiten – Dinge erklären, sie in ihrer Rolle bestätigen, den Prozeß in Gang bringen. Man muß dabei geduldig sein. Leute, für die der Gedanke, sich in der Öffentlichkeit zu offenbaren, neu und bedrohlich ist, brauchen manchmal einen ganzen Abend, um so aufgeschlossen zu sein, wie andere Gruppen es mitunter schon zu Beginn sind. Dies trifft für Workshops ebenso zu wie für Aufführungen. Eine der schwierigsten Erfahrungen mit Playback, die wir je hatten, war die mit einer Gruppe Jugendlicher im Hochsicherheitstrakt eines Gefängnisses. Sie waren alle wegen schwerer Verbrechen verurteilt, darunter Mord, Vergewaltigung und bewaffneter Raub. Wir waren vier Mitglieder der ersten Playback-Gruppe und veranstalteten zehn Sitzungen mit ihnen. Sieben Sitzungen dauerte es, bis die Teilnehmer bereit waren, im Kreis zu sitzen. Jede Woche bewegten wir uns ein kleines Stück vorwärts, sie faßten zunehmend Vertrauen. Zu Anfang versuchten sie, uns mit Geschichten von Gewalt und brutalem Sex, die eher aus Gewaltfilmen denn aus ihrem eigenen Leben stammten, zu schockieren und anzuwidern – nicht daß es derartige Erfahrungen in ihrem Leben nicht gegeben hätte, doch sie waren nicht bereit, etwas über sich preiszugeben und die Wahrheit zu erzählen. Am Ende ließen sie ein paar unerwartete Lichtblicke von Verletzlichkeit und sogar Zärtlichkeit aufscheinen. Eine der letzten Geschichten handelte vom Taubenzüchten auf dem Dach eines Mietshauses in New York City. Stolz sahen sie zu, wie die Tauben wegflogen, und ängstlich warteten sie, daß sie zurückkamen, und fragten sich, wie es ihnen wohl ergehe.

Playback-Theater und Idealismus

Warum veranstalten wir Playback in so schwierigem Rahmen, bei dem entweder der Ort oder die Einstellung der Gruppe oder beides uns Probleme bereitet?

Von Anfang an wurde dieses Theater als Geschenk verstanden. Es sollte der Welt zur Verfügung gestellt werden als eine Form heilender Interaktion, wie ich es im vorangegangenen Kapitel beschrieben habe. Wir wußten, daß jeder Mensch Geschichten in sich trägt und das Bedürfnis hat, sie zu erzählen, wie zurückhaltend er sich auch gibt. Unser Ehrgeiz war es, dieses Forum nicht nur jenen zur Verfügung zu stellen, die wissen, wie befriedigend die Erfahrung, Stories mitzuteilen, ist, sondern auch Menschen, die sonst nie Geschichten erzählen. Bei dem Versuch, dieses Ideal in den ersten Jahren zu erfüllen, überwogen Belohnung und Erfolge Frustrationen und Hindernisse (wenn auch manchmal nur knapp). Im Grunde war es wunderbar, für Menschen Theater zu spielen, die sich sonst nie Stücke ansehen und der Meinung sind, solche kulturellen Erlebnisse seien für ganz andere Leute gedacht. Der Ausdruck auf dem Gesicht einer jungen Mutter, die – beinahe selbst noch ein Kind –, feststellt, daß die anwesenden Erwachsenen ihre Geschichte hören und anerkennen, kann den häßlichen, lauten Raum und die 45 Minuten harten Kampfes um eine gemeinsame Sprache wiedergutmachen.

Angefangen haben wir Mitte der siebziger Jahre, in einer Zeit, in der die weltverändernden Sechziger das allgemeine Bewußtsein noch stark beeinflußten. Unser Wunsch, zur Verbesserung sozialer Verhältnisse und zu Veränderung beizutragen, lag im Geist der Zeit. In den egoistischen achtziger Jahren wurden wir zu Außenseitern. Es war schwer für das Selbstwertgefühl unserer Gruppe, die soziale Aufgabe des Playback weiterhin ernst zu nehmen. Ein junger Mann, dem ich erklärte, Playback sei eine nichtkommerzielle Körperschaft, meinte: »Aber bald werden Sie doch Gewinne machen, oder?« Er verstand die Berechtigung einer Arbeit nicht, die für Ideale statt für Profit getan wird.

Natürlich bemühten wir uns auch, Geld zu verdienen. Wir bewarben uns um Stipendien und bekamen sie manchmal – fast immer für die Arbeit im sozialen Bereich. Unsere künstlerischen Erkundungen setzten wir mit großer Energie und häufig auch mit ästhetischem Erfolg fort, was jedoch keine Anerkennung fand – jedenfalls nicht in Form von finanzieller Förderung durch öffentliche Stellen. Die Grundlage unserer Arbeit bildeten Honorare wie jenes, das uns dafür gezahlt wurde, mit Playback-Theater geistig Behinderten beizubringen, wie man öffentliche Verkehrsmittel benutzt – eine Arbeit, die unseren Stolz auf eine harte Probe stellte. Aber selbst daran hatten wir manchmal Freude. Ich werde nie das kleine Paar mittleren Alters vergessen, beide waren unschuldig wie Neunjährige, sie saßen Hand in Hand in ihrer

Gruppenwohnung, strahlten uns an und erzählten von ihrer ersten Busfahrt ohne Begleitung.

Playback-Theater benachteiligten Gruppen anzubieten, ist für viele, wahrscheinlich die meisten Playback-Theater-Gruppen ein Hauptanliegen geblieben. Es ist diese Eigenschaft, die Playback-Theater von anderen neueren Formen, die die Bedeutung persönlichen Erzählens wiederentdeckt haben, unterscheidet. Ich denke dabei besonders an das nur undeutlich umrissene Gebiet heutiger oder persönlicher Mythologie, zu deren Leitfiguren Joseph Campbell und Robert Bly gehören. So bedeutsam und einflußreich ihre Arbeit auch sein mag, sie hilft in erster Linie solchen, die Bücher über Mythologie lesen, zu Jung-Therapeuten gehen, an Workshops in Therapiezentren teilnehmen und zu Kongressen in großen Hotels reisen. Im Gegensatz dazu ist das Playback-Theater mit seiner erdverbundenen Einfachheit und Direktheit für fast jedermann zugänglich. Diese Arbeit kann für Leute jeglicher Bildung, Intelligenz und Finanzkraft von unmittelbarer Bedeutung sein. Eine Obdachlose in Washington D. C. wird der dortigen Playback-Gruppe vermutlich nicht beitreten, doch es könnte sein, daß die Gruppe ins Obdachlosenasyl kommt und daß sie es ist, die eine Geschichte erzählt.

Playback im kommerziellen Bereich

Nicht für alle Playback-Gruppen behielt die Arbeit im sozialen Bereich diese Bedeutung bei. Am anderen Ende des Spektrums steht die Arbeit, die mit Unternehmen bei der Organisationsentwicklung gemacht wird, was auch eine Art von Idealismus erfordert. Seit etwa 1989 haben Playback-Gruppen und einzelne, die Playback betreiben, Wege gefunden, ihre Arbeit in diesem Bereich einzubringen. Hier kann das Playback-Theater zu einem

Forum werden, wo Wahrheiten ausgesprochen, Erfahrungen bewertet, alte Management-Praktiken in Frage gestellt und überprüft werden, alles auf eine konstruktive, kreative Weise.

In einer streng hierarchisch gegliederten Arbeitswelt, wie sie häufig existiert, fehlt denjenigen, die die Entscheidungen anderer umsetzen müssen, oft die Genugtuung, etwas geleistet zu haben; sie finden bei ihrer Arbeit keine Befriedigung, fühlen sich nicht mit ihr verbunden – ein schwerwiegender Verlust, bedenkt man, wieviel Zeit die meisten Leute bei ihrer Arbeit verbringen. In manchen Betrieben scheint die höhere Managementebene allmählich zu begreifen, daß ihr Ziel größerer Produktivität eher erreicht werden kann, wenn die Angestellten bei ihrer Arbeit mehr Verantwortung haben und mehr Anerkennung erfahren. Solche Führungskräfte sind bereit, neue Ideen auszuprobieren wie etwa das Playback, mit dessen Hilfe Alternativen zu verhärteten Strukturen und gestörter Kommunikation gefunden werden können.

Das, was geschieht, wenn Angestellte aufgefordert werden, ihre Geschichten zu erzählen, übertrifft häufig die Erwartungen vieler Vorgesetzter. Emotionen können aufgewühlt, geteilt, wahrgenommen werden; Stolz und Wahrheit können sich an Orten zeigen, an denen sie vorher nie zum Vorschein gekommen waren. Ein Mann weint zum erstenmal in seinem Leben in der Öffentlichkeit und gesteht: »Ich hatte nie geglaubt, daß Gefühle etwas wert sind.« Ein anderer meint: »Das gibt mir wieder Hoffnung.«

Für Playback-Gruppen, die diese Art von Arbeit machen, kann sie gewinnbringend sein, birgt aber auch Gefahren. Die Befriedigung, daß die eigene Arbeit eine bislang vom Playback vernachlässigte Gruppe der Bevölkerung erreichen und ihr helfen kann. Die Erkenntnis, daß Leute in Schlips und Kragen und Schulterpolstern, die ihnen ein erfolgreiches Image verleihen, auch Menschen sind, die Geschichten zu erzählen haben, nicht weniger menschlich oder interessant als Kriminelle, Lehrer oder Künstler.

Die Tatsache, daß dieser Sektor bislang der einzige ist, in dem Playback-Leute Gelegenheit haben, eine größere Menge Geld zu verdienen: Da die Arbeit in anderen Bereichen – ob künstlerisch oder sozial orientiert – selten genug einbringt, um davon zu leben, ist es höchst erfreulich – geradezu berauschend –, eine Gelegenheit zu erhalten, für seine Arbeit so gut entlohnt zu werden.

Die Arbeit in der Privatwirtschaft fordert aber einen Preis. Die Aussicht auf große Geldsummen kann zu extremem Druck führen, besonders wenn der Schritt in diese Richtung zu schnell erfolgt. Mehrere Gruppen, die sich auf die Arbeit im privaten Sektor spezialisierten, spalteten sich aufgrund von Konkurrenzfragen und Präsentationsstandards. Manche Mitglieder sprechen von dem tiefen und ungelösten Schmerz, den diese Kämpfe verursachten. Hinzu kommt, daß die Zeit und die Energie verlorengehen, um vor der traditionellen Playback-Klientel aufzutreten.

Wenn ich von diesen Dingen höre, frage ich mich, ob der stattfindende Prozeß nicht zweischneidig ist. Diese Gruppen nehmen, während sie die humanen Werte des Playback-Theaters darstellen und weitergeben, auch etwas von den weniger großherzigen Werten des kapitalistischen Marktes in sich auf und erleiden dadurch Schaden.

Professionalität, Ehrgeiz und Liebe

Ob Playback-Gruppen in der Privatwirtschaft arbeiten oder nicht, früher oder später stellt sich die Frage nach ihrer Weltlichkeit und was daraus folgt.

Im ersten Enthusiasmus, mit dem man eine Gruppe gründet, nimmt man gern großzügig jeden auf, der Interesse zeigt, ohne sich Gedanken zu machen über Fähigkeiten und Erfahrungen. Sowie die Arbeit sich weiterentwickelt, wächst der Wunsch, das künstlerische Potential des Playback auszuschöpfen. Es herrschen Aufregung und Stolz und der Drang, mit anderen zu teilen – »Laßt uns dies in die Welt hinaustragen!« Es stellt sich die Frage nach dem Niveau: Sind wir gut genug, um aufzutreten? Um Eintritt zu verlangen? Um uns als professionelle Unterhaltung anzubieten? Wenn man selbstkritisch das künstlerische Niveau betrachtet, kann es zu Problemen innerhalb der Gruppe kommen, weil nicht alle die gleichen Fähigkeiten haben oder den gleichen Ehrgeiz empfinden, sie zu verbessern. Wenn die Zeit gekommen ist, neue Leute in die Gruppe aufzunehmen, kommt es zu einem Auswahlverfahren: Begehrt sind Schauspieler mit dem Talent und den Fähigkeiten, die die übrige Gruppe inzwischen erlangt hat. Doch manche der Gründungsmitglieder fragen sich insgeheim, ob man sie genommen hätte, wenn sie jetzt vorspielen würden.

Die Gruppe fährt fort, zu proben und zu spielen und sich weiterzuentwickeln. Manche lieben es so sehr, daß sie das Playback als einen Weg nutzen wollen, ihren Lebensunterhalt zu verdienen – sie überlegen sich, aus ihrem Hobby eine Karriere zu machen. Sie werden inspiriert von der Arbeit anderer Playback-Gruppen. Sie sehen, wie Playback in lokalen Einrichtungen und Gemeindeveranstaltungen eingesetzt werden könnte. Manche Gruppenmitglieder fangen an, in Einrichtungen, Schulen und Betrieben zu arbeiten – und werden dafür bezahlt. Andere haben Full-time-Jobs, die es ihnen verwehren, mitzuwirken. Für manche Gruppen wird diese Aufteilung zum Problem. Die ehrgeizigen Mitglieder fühlen sich durch die anderen blockiert. Sie spüren, daß ihre Fähigkeiten wachsen, während die anderen langsamer vorankommen. Die Gruppe muß die heikle Aufgabe lösen, Professionalität, Geldverdienen, Offenheit versus künstlerische Leistung unter einen Hut zu bringen. Manche Gruppen scheitern daran. Anderen gelingt es, einen Konsens durch die Entscheidung zu finden, daß die ganze Gruppe professionell arbeiten soll, oder vielleicht, indem sie verschiedene Niveaus von Fähigkeiten und Ehrgeiz akzeptiert und Wege findet, diese miteinander in Einklang zu bringen.

Die stabilsten Gruppen scheinen ein Gleichgewicht gefunden zu haben zwischen den Forderungen und Attraktionen künstlerischer und beruflicher Erfüllung auf der einen Seite und dem Tempo, das notwendig ist, um Menschen gegenüber offen zu sein, auf der anderen. Dies bedeutet, auf die höchsten Höhen seines Ehrgeizes zu verzichten. Bleibt man dem Prinzip der Gemeinsamkeit treu – dem »Sich-gegenseitig-Weiterbringen«, wie es Jean Vanier ausdrückt –, wird man nie zum Hätschelkind von Talkshows werden oder die Aufmerksamkeit ernstzunehmender Theaterkritiker erlangen und auch keine Riesensummen verdienen. Statt dessen schlägt man den Weg des citizen-actor ein, der vor allem für Liebe arbeitet.

Playback in der Erziehung

Weltweit erkundeten viele Gruppen und Einzelpersonen, die Playback betreiben, die pädagogischen Möglichkeiten des Playback-Theaters.[1] Sie haben in Schulen aller Stufen experimentiert, und obwohl einige durch das Schulsystem entmutigt wurden, ist es anderen mit Diplomatie und Ausdauer gelungen, dort eine passende Umgebung für Playback zu schaffen. Es gibt einmalige Auftritte und Engagements über Tage oder Wochen; manchmal wird es ein Forum für Themen, die Eltern, Schüler und Lehrer gerade beschäftigen; es kann auch eine neue Form sein, im Lehrplan vorgesehenen Stoff durchzunehmen. Playback kann auch zu einer dauernden Einrichtung werden – ich weiß von zwei erfolgreichen Gruppen, die in High-Schools arbeiten, eine in Alaska und eine in New Hampshire. Eine besteht aus High-School-

Schülern, die als »gefährdet« eingestuft wurden – Selbstmord, Alkohol und andere Gefahren des Pubertätsalters –, die andere besteht aus Elf- und Zwölfjährigen, die in die Öffentlichkeit gehen und in Altenheimen und Grundschulen spielen.

All das, was die Erfahrung von Playback-Theater so heilsam macht, all das, wovon wir bisher gesprochen haben, ist für Kinder von Bedeutung und ihnen zugänglich: Bestätigung, das Gefühl, eine Geschichte zu verstehen und zu beherrschen, die Erkenntnis, daß andere eigene Erfahrungen teilen, das vorsichtige Entwickeln einer Identität. Kinder, die selbst beim Playback mitwirken, ziehen noch mehr Gewinn daraus. Jungen Menschen, die besondere Bedürfnisse nach emotionaler und sozialer Unterstützung haben, wie die Teenager in Alaska, kann das Glück, einer solchen Gruppe anzugehören, buchstäblich das Leben retten. Solche jungen Leute erfahren nicht nur die Befriedigung, ihre Geschichten in einer sicheren, vertrauten und beständigen Umgebung zu teilen, es erfüllt sie auch mit Stolz, ihre Fähigkeiten in der Öffentlichkeit zu zeigen.

Der Playback-Prozeß kann auch bei der zentralen Aufgabe des Lernens selbst eine Rolle spielen, vor allem im Zusammenhang mit den neuesten Trends in der Erziehung. Nach Gardners Theorie von der multiplen Intelligenz, gibt es mehrere erkennbare Arten von Intelligenz neben der sprachlichen und logisch-mathematischen – auf die normalerweise in der Erziehung das größte Gewicht gelegt wird.[2] Kinder, deren wichtigste Lernweisen kinästhetischer, räumlicher oder zwischenmenschlicher Art sind, sind eher in der Lage, neue Begriffe aufzunehmen, wenn sie in dargestellten Geschichten erkundet werden. Kooperatives Lernen, eine weitere derzeitige Richtung in der Schule, zielt auf die Vorzüge von gemeinschaftlicher Arbeit anstelle permanenter Konkurrenz. Playback kreiert eine unmittelbare belohnende Erfahrung der Zusammenarbeit, bei der Erfolg davon abhängt, daß jeder die Fähigkeiten des anderen fördert und verbessert. (Die Möglichkeiten des Playback, Lernen zu erleichtern, können auch in der Erwachsenenbildung von Bedeutung sein – so wurde es zum Beispiel in Australien, Deutschland, England und der Tschechischen Republik im Sprachunterricht für Erwachsene verwendet.)

Obwohl es offensichtlich ist, daß Playback-Theater Kinder anspricht, und trotz seiner großen Bedeutung für das Lernen, wird es manchmal von Schulen weniger freundlich aufgenommen. Playback huldigt nicht dem Status quo und keiner allgemein anerkannten Interpretation der Realität, sondern persönlicher Erfahrung. Schulen sind wie die meisten Institutionen kein Ort, an dem die subjektive Wahrheit von Individuen und Gruppen gewürdigt wird. Auch die Logistik kann dort schwierig sein – manchmal ist es nicht einfach, in einer Schule den geeigneten Raum für eine Playback-Veranstaltung zu entdecken. Versammlungen finden in riesigen Auditorien mit zu vielen Kindern statt, Klassenräume sind mit Tischen vollgestellt. Schrille Schulklingeln unterbrechen brutal die letzte Geschichte.

Playback und Politik

Es kann politische Implikationen haben, daß Playback-Theater sich der subjektiven Wahrheit verpflichtet. Die Botschaft, daß Ihre Geschichte, meine Geschichte, unsere Geschichten einen unangreifbaren Wert haben, ist von radikaler Kraft. In politischen Zusammenhängen, in denen die offizielle Geschichte persönliche, subjektive Erfahrung nicht anerkennt, ist sie subversiv. Das Erzählen und Glauben wahrer Geschichten, geflüstert, erinnert, wiedererzählt, kann zu dem Ruf nach Veränderung oder gar Revolution führen. Nach der Revolution wird das Erzählen von Geschichten die Wahrheit davor schützen, verlorenzugehen und

Kräften wie einer neuen Form der Unterdrückung oder in der banalen Form der Medien entgegenwirken.

1991 erfuhren wir, daß ein Vier-Personen-Team des sowjetischen Fernsehens nach New Paltz kommen wollte, um einen Film über Playback-Theater und seine Ursprünge zu drehen. Sie hatten bereits einen Beitrag über das Moskauer Playback-Theater gedreht und wollten am Anfang des Films über Jonathan berichten und Dokumentationsmaterial über die erste Playback-Gruppe zeigen. Eine Woche vor ihrer Ankunft wurde die Welt vom Moskauer Putsch überrascht, und wir waren sicher, daß die Reise nun abgesagt würde. Als dann wenige Tage später der Putsch beendet war, glaubten wir noch weniger an ein Gelingen. Warum sollten Journalisten Moskau während so wichtiger historischer Ereignisse verlassen? Dennoch kamen sie wie geplant.

Was immer ihre Entscheidung hierherzukommen, beeinflußt hatte – es stellte sich heraus, daß die Hoffnung, ein Film über das Playback-Theater könne ihnen den Weg ins private Geschäft ebnen, bei einigen von ihnen eine gewisse Rolle gespielt hatte –, sie kamen mit dem echten Bedürfnis, ihre Geschichten über die Ereignisse der vergangenen Woche zu erzählen. Sie hatten alles aus nächster Nähe miterlebt. Wir führten eine formlose Playback-Performance durch. Mit Hilfe eines Dolmetschers erzählte Swetlana, die Drehbuchautorin, von einer schluchzenden alten Frau, die sich vor einen Panzer geworfen hatte, der in der Gorki-Straße langsam auf die Menge zurollte. »Tötet mich, tötet mich!« rief sie. »Laßt sie am Leben, sie sind noch jung, ich habe mein Leben gelebt.« Der Panzer hielt an, und ein junger Soldat stieg aus; auch er weinte. Der Leiter des Fernsehteams, Igor, hatte sich im russischen Parlament aufgehalten, als Boris Jelzin bekanntgab, die Anführer des Putsches würden zum Flughafen fliehen. Als ihm klar wurde, daß dies das Ende des Putsches bedeutete, lief Igor nach draußen, um es der Menge zu mitzuteilen. Zuerst glaubten sie ihm nicht. Doch dann gab es Schreien und Singen und Jubeln. Er erzählte auch von der Beisetzung der drei jungen Männer auf dem Wagankowski-Friedhof, die während des Putsches protestiert hatten und getötet worden waren. Der riesige Platz sei so voller Menschen gewesen, sagte er, daß sich niemand mehr habe bewegen können. Aber alle seien ruhig und voller Respekt, ja sogar freundlich gewesen. Als jemand in der Menge ohnmächtig geworden sei, hätten die Menschen wie durch Zauberhand eine Gasse gebildet, um den Krankenwagen passieren zu lassen.

Wir waren beeindruckt, diesen Wendepunkt in der Geschichte so dicht vor Augen zu sehen, und fragten Swetlana, warum sie in einem solchen Augenblick hergekommen waren. »Weil Ihre Arbeit mit Geschichten zu tun hat«, sagte sie, »und wann haben wir unsere Geschichten mehr gebraucht als jetzt!«

10. IN DIE WELT HINAUSWACHSEN

Neulich erhielten wir einen Brief von einer neuen Playback-Gruppe in Ungarn. Wir waren überrascht, daß es dort überhaupt Playback-Aktivitäten gibt. Dort hatten wir noch nicht gearbeitet, und nie war jemand aus Ungarn zu unseren Trainingsveranstaltungen gekommen. Wir waren hocherfreut, aber auch nicht allzu erstaunt, denn wir haben uns an den Gedanken gewöhnt, daß Playback inzwischen überall in der Welt ein eigenständiges Leben führt und seine eigenen Formen entwickelt hat.

Die Leute in Ungarn waren durch ein Video von einer Playback-Aufführung in Mailand darauf gestoßen, die ein schwedischer Playback-Lehrer leitete, der vor einigen Jahren bei uns ausgebildet worden war. Es gibt immer eine ganze Kette von Verbindungen, die ziemlich genau nachzuvollziehen sind. Das Playback-Theater ist durch persönliche Beziehungen und von Gruppe zu Gruppe gewachsen – ein Prozeß, der sich auf langsame, aber organische und stabile Weise vollzog. Im Lauf der Jahre sind die meisten zum Playback gekommen, nachdem sie einer Aufführung beiwohnten oder weil Freunde davon erzählten. Heute gibt es eine wachsende Zahl von Leuten, die durch Bücher vom Playback erfahren haben. Wenn sie aber diese erste Begegnung vertiefen wollen, können sie auf ein Netzwerk zurückgreifen, das mehr auf mündlicher Überlieferung aufbaut als auf irgend etwas sonst. Weil unsere Arbeit sich mit Stories beschäftigt, lernen wir einander durch unsere Geschichten kennen.

Als sich vor Jahren die Möglichkeit abzeichnete, daß außer unserer Gruppe auch andere Playback-Theater betreiben, mußten wir über Fragen von Kontrolle, Eigentumsrechten und Regelungen nachdenken. Einige Leute rieten uns, den Namen und das Verfahren patentieren zu lassen, um sicher zu sein, daß, wer immer Playback-Theater praktizierte, es auf eine Weise tat, die mit den Verfahren und den Werten übereinstimmte, die wir entwickelt hatten. Hätten wir dies getan, könnten wir alle Arbeit, die unter diesem Namen getan wird, kontrollieren und auch vom finanziellen Erfolg anderer Gruppen profitieren. Es war ein anerkanntes Modell, mit dem man sich im Bereich der Selbstverwirklichungsbewegungen genauso zurechtfand wie im Geschäftsleben. Für das Playback-Theater erschien es uns unpassend. Wir tendierten zu einem anderen Modell, bei dem Ideen durch persönlichen Kontakt weitergegeben und nicht verkauft werden und bei dem Qualitätskontrolle Teil des Verfahrens selbst ist. Da die Wirksamkeit des Playback von der eigentlichen Qualität der Arbeit abhängt, wird jemand, der versucht, es zu praktizieren, ohne den gebührenden Respekt zu wahren, ohne den Teilnehmern die notwendige Geborgenheit zu geben und ohne für ästhetische Qualität zu sorgen, wohl kaum erfolgreich sein.

Wir ermutigten deshalb andere, unsere Form zu übernehmen, sie auszuloten, einzusetzen, damit zu spielen, sie zu teilen. Wir standen für Ausbildungsstunden und Unterstützung zur Verfügung. 1990 übertrugen wir unseren Rechtsstatus, auch die Steuerfreiheit, auf das International Playback Theatre Network, das eingerichtet wurde, um weltweit Playback-Betreibern Verbindungen zu vermitteln und Hilfe anzubieten. Wir waren auch der Meinung, die Zeit sei gekommen, ein Warenzeichen mit dem Namen und einem Logo für das Playback-Theater einzutragen. Wir sahen ein, daß es klug wäre, die Möglichkeit zu haben, den Namen vor Mißbrauch zu schützen, da Playback-Aktivitäten Ausmaße annahmen, die wir nicht vorausgesehen hatten. Bislang war dies nicht notwendig gewesen. Vernetzung und unterstützendes Feedback hatten dafür gesorgt, daß die Arbeit ihrem Zweck und ihren Werten treu geblieben war. (Informationen über das IPTN und den Rechtsstatus des Playback finden sich im Anhang.)

Zusammenarbeit und Wettbewerb

Je weiter sich Playback verbreitet, desto mehr Gruppen stellen fest, daß sie nicht mehr die einzigen am Ort sind. Eine Gruppe, die sechs Jahre aktiv war, erfährt mit Bestürzung, daß sich eine neue Gruppe bildet, die ihre Mitglieder aus einem anderen Bereich rekrutiert. Oder vielleicht ist diese neue Gruppe ein Ableger der alten, ins Leben gerufen von früheren Mitgliedern, die mit der ersten Gruppe auf gutem Fuß stehen oder auch nicht.

Solche Situationen können bei allen Beteiligten zu schmerzlichen Konfrontationen führen und böse Gefühle hervorrufen. Platzhirschmentalität macht sich breit; da gibt es Getuschel über Undankbarkeit und Überheblichkeit und welche Gruppe besser sei. Doch diese Übergangszeiten bieten auch die Chance, die Kraft des Playback auf die Probe zu stellen.

In den letzten Jahren unserer Arbeit als erste Gruppe hatten wir mit solchen Problemen zu tun, wenn eines unserer Mitglieder ein paar Leute um sich scharte und »Wohnzimmer-Playback« veranstaltete. Sie trafen sich, erzählten sich gegenseitig Geschichten und lernten die Form des Playback. Sie hatten Spaß daran und das Gefühl, etwas erreicht zu haben – nach einiger Zeit verlangten sie nach einem größeren Forum als einem Wohnzimmer und begannen, vor Publikum zu spielen – unserem Publikum. Obwohl wir damals ohnehin unsere Arbeit einschränkten, war es für uns doch in vielfacher Hinsicht schwierig. Wir fühlten uns in unserem Stolz verletzt. In unserer Gegend war die Arbeit der ersten, unserer Playback-Gruppe bekannt. Wenn Fremde zu Veranstaltungen der neuen Gruppe gingen, nahmen sie oft an, es handele sich dabei um *das* Playback-Theater (obwohl die neue Gruppe einen anderen Namen trug). Damals hatte diese Gruppe noch kein Niveau erreicht, das mit unserem zu vergleichen war. Es schmerzte, sich vorzustellen, daß die Zuschauer das, was sie sahen, für unsere Arbeit hielten. Auch für die neue Gruppe war es schwer, mit der Diskrepanz in der Erfahrung und im Ansehen zwischen ihnen und uns zu leben. Während sie darum kämpften, Leute in ihre Vorstellungen zu bringen, gelang es uns, bei unseren gelegentlichen Aufführungen selbst unbestuhlte Räume mühelos mit Zuschauern zu füllen.

Letzten Endes kämpften beide Gruppen darum, einen Weg zu finden, harmonisch miteinander zu leben. Immerhin glaubten wir alle an Werte wie Aufgeschlossenheit und Kommunikation, die Grundlage unserer Arbeit. So suchten wir nach einer neuen Struktur, in der unsere beiden Gruppen Platz fänden.

Im Lauf der Zeit fanden wir sie. Die neue Gruppe hat inzwischen ein hohes Niveau erreicht und sich fest etabliert. Gelegentlich besuchen wir gegenseitig unsere Vorstellungen und nehmen manchmal auch als Gastschauspieler an den Vorstellungen der anderen Gruppe teil. Beide Teams bewahren ihre getrennte Identität, wir fühlen uns aber als Teil ein und derselben Playback-Theater-Familie. Wir bieten uns gegenseitig Hilfe an und teilen die Ressourcen. Sogar unsere Ausstattung teilen wir; die Scheinwerfer und Requisiten der Ursprungsgruppe, die mittlerweile erweitert und erneuert wurden, werden auch von der anderen ständig benutzt, und wir leihen sie uns, wenn wir sie brauchen.

Es gibt an anderen Orten Gruppen, die zu einer ähnlichen Art der Zusammenarbeit gefunden haben; andere wiederum haben mit Abgrenzung und Konkurrenzverhalten zu kämpfen. Gruppen, die sich durch Playback wirtschaftlich ganz oder teilweise über Wasser zu halten versuchen, reagieren bei dem Thema Geld äußerst empfindlich. Nach der vorherrschenden Meinung gibt es a) von dem, was alle wollen, nur eine begrenzte Menge und b) ist der einzige Weg, es zu erreichen, der, im Wettbewerb erfolgreich zu sein. Es braucht Weitblick, um zu erkennen, daß es keine Grenzen gibt für das, was Playback-Theater zu schenken hat, wem oder in welchem Kontext dieses Geschenk auch gemacht wird – und daß es keine Grenzen dafür gibt, was später als Belohnung in Form von Geld oder anderem zurückkommt.

Playback in verschiedenen Kulturen

Inwiefern unterscheidet oder gleicht sich Playback an den verschiedenen Orten überall auf der Welt? Werfen wir einen Blick auf drei Gruppen, eine in Neuseeland, eine in Frankreich, eine an der Westküste der Vereinigten Staaten.

Das Playback Théâtre France befindet sich in Le Havre in Nordfrankreich, einer Hafenstadt mit einem hohen Arbeiteranteil. Wie viele Städte in Frankreich hat auch sie einen beachtlichen Anteil an Einwanderern. Die meisten leben auf einem Plateau oberhalb der Stadt. Ein Mann, dessen Familie vor einer Generation aus Algerien kam, ist Mitglied der Playback-Gruppe. Heute assistiert er dem Leiter bei einem Playback-Theater-Workshop. Er hat mehrere Freunde aus seiner Gemeinde mitgebracht. Es sind Leute, die ihr eigenes Theater aufgebaut haben. Jetzt erleben sie Playback zum erstenmal. Sie sind nervös. Die meisten Leute in dem Workshop sind europäische Franzosen, und man sieht es ihnen an. Bei der Vorbereitung fordert der Leiter alle auf, etwas Positives über sich zu äußern. Die Leute, die auf dem Plateau wohnen, wissen über sich selbst nichts zu sagen. So helfen sie einander: »Sie ist eine gute Köchin!« – »Er ist ein sehr netter Mensch.« Aber später, als das Geschichtenerzählen beginnt, zögern sie nicht mehr, sondern teilen sich unbefangen mit, sowohl als Erzähler wie auch als Schauspieler. Die anderen Teilnehmer sind von ihrer Offenheit und ihrem begabten Spiel beeindruckt. Dies zu erleben, regt sie dazu an, noch weiter zu gehen, sich auf neue Risiken einzulassen. Die Einwanderer überraschen die anderen damit, daß sie gegenüber der Musik keinerlei Hemmungen zeigen. Keine Befangenheit, kein Protest, der ihnen sagt, sie spielten nicht gut genug. Ihre Musik wird zu einer Brücke. Ein Mann, der später der Playback-Gruppe beitritt, wird durch seine Musik zum eigentlichen Leiter. Mit seiner Gitarre und seine Liedern bringt er alle zusammen. Vorgefaßte Meinungen untereinander, die es zu Anfang gegeben hat, verschwinden, werden durch Achtung und gegenseitige Hilfe ersetzt.

Diese Playback-Gruppe begann ihre Arbeit im Sommer 1988 nach einem Workshop, den Jonathan Fox leitete. Die Gründerin und künstlerische Leiterin ist Heather Robb (in Frankreich nennt sie sich »Bruyère«), eine Australierin, die mehr als zwanzig Jahre zuvor nach Frankreich gekommen war, um Pantomime, Maske und Clownspiel an der Schule Jacques Lecoq zu studieren. Sie wurde Dozentin bei Lecoq, bevor sie nach Le Havre ging, wo sie jetzt die städtische École de Théâtre leitet.

Die Mitglieder dieser Gruppe – acht bis zehn Leute – kommen wie bei vielen Playback-Gruppen aus den verschiedensten Berufen, sie sind Künstler, Lehrer, Sozialarbeiter oder mehreres hiervon gleichzeitig. Sie sind zwischen Mitte Zwanzig und Ende Vierzig. Die Stärke der Gruppe liegt in ihrer künstlerischen Sensibilität und Erfahrung – alle Teilnehmer haben eine Schauspielausbildung an der École de Théâtre durchlaufen. Sie arbeiten hart daran, das Playback-Theater als ästhetische Form zu verfeinern.

In den Wintermonaten bietet das Playback Théâtre France monatliche öffentliche Vorstellungen in einem Kunstzentrum der Gemeinde an. Sie veranstalten auch Aufführungen für Kinder und für die Klientel anderer Gemeindezentren, darunter die aus ärmsten Bevölkerungsteilen. Inzwischen greift sogar die örtliche Industrie auf sie zurück, nicht um ihre Organisation weiterzuentwickeln, sondern weil sie Aufführungen für Arbeiter und ihre Familien organisieren.

Diese Gruppe besteht aus Laienschauspielern, die sich von ihren Brotberufen ernähren und nichts mit den Playback-Vorstellungen verdienen, obwohl sie diese ernsthaft und mit hohem künstlerischem Anspruch betreiben. Sie sind an einem Punkt ihrer Entwicklung angekommen, wo die Aussicht, mit Playback Geld zu verdienen, zum erstenmal zu intensiven Diskussionen über Arbeitszeit, Verpflichtungen und über ihre Identität und Ziele als Gruppe führt. Es ist eine schwierige Übergangsperiode. Alle sind daran interessiert, Playback zu ihrem Beruf zu machen, doch nicht allen Schauspielern läßt ihre Arbeit genügend Freiraum, die Möglichkeiten, die es gibt, auszuprobieren.

Das Living Arts Theatre Lab in der San Francisco Bay ist eine weitere Playback-Gruppe, in der das Geldverdienen nicht im Vordergrund steht. Im Vergleich zu der französischen Gruppe sind die Mitglieder an diesem Punkt etwas gelassener. Sie machen die Playback-Arbeit wegen der ihr innewohnenden Befriedigung und nicht in der Absicht, ihren Lebensunterhalt damit zu bestreiten. Im Unterschied zu der Gruppe in Le Havre sind mehrere Mitglieder des Living Arts Theatre Lab Selbständige oder in ihrer Arbeit so flexibel, daß gelegentliche Angebote, am Tag zu spielen, kein ernstes Problem für ihre Karriere und Verpflichtungen nach sich zieht.

Andererseits haben beide Gruppen Wesentliches gemeinsam. Auch das Living Arts Theatre Lab betont den hohen künstlerischen Wert seiner Arbeit; auch hier wünscht man sich ein Publikum, das nicht zu den gängigen Theaterbesuchern gehört. Wie in der französischen Gruppe und in den meisten anderen Playback-Gruppen kommen seine 15 Mitglieder aus den verschiedensten Berufen. Viele sind Therapeuten oder Künstler. Der Leiter der Gruppe, Armand Volkas, ist Regisseur und Schauspieler, zur gleichen Zeit Psychodramatherapeut. Verschiedene andere sind ebenfalls kreative Kunsttherapeuten verschiedener Prägung, Leute, in deren Beruf Kunst und Heilung eine Verbindung eingehen.

Das Living Arts bietet die für das Playback-Theater traditionellen monatlichen öffentlichen Vorstellungen im Gemeindesaal einer Kirche an. Sie spielen auch für Senioren, Rekonvaleszenten, bei einer Messe. Playback verwenden sie in einem einzigartigen Projekt, in dem Juden und Deutsche der Nachkriegsgeneration mit dem Erbe des Holocaust umzugehen versuchen. »Akte der Versöhnung«, so der Name des Projekts, wurde von Armand entwickelt, einem Sohn europäischer Juden, die im Zweiten Weltkrieg im Widerstand waren, bis sie ins Konzentrationslager gebracht wurden.

Bei einer Veranstaltung, die den Höhepunkt eines monatelangen Prozesses darstellt, in dem Therapie und Theater miteinander verwoben sind, erzählt Wolf eine Geschichte aus seiner Jugend in Deutschland. Er erinnert sich, wie er als Fünfjähriger mit einer Gruppe anderer Jungen spielte. Einer von ihnen brachte den anderen ein Lied bei. Wolf war bestürzt über die darin verwendeten Bilder und ihre Brutalität, obwohl er erst Jahre später begriff, daß es ein Nazi-Marschlied war. Mit fünf ist es schwer, einer Gruppe nicht zu folgen. Er schob das Gefühl des Unbehagens beiseite und schloß sich Freunden an, die laut singend herummarschierten.

Die Geschichte hat einen zweiten Teil. Wolf ist inzwischen siebzehn und mit seiner Freundin auf Reisen in Südfrankreich. Sie gehen auf einen Friedhof. Auf einem Grabstein im jüdischen Teil steht zu lesen: »Im Gedenken an Juden, deren Körper zu Seife verarbeitet wurden.« Er starrt darauf und in diesem Moment hört er das Lied.

Ob es sich um eine Aufführung von »Akte der Versöhnung« oder eine gewöhnliche Vorstellung handelt, für Livings Arts ist die Arbeit vor allem spirituell. Die Mitglieder suchen nach Umgebungen, in denen diese Dimension des Playback am besten erfüllt werden kann – etwa in einer Kirche, die gern eine Playback-Gruppe spielen lassen möchte, »so wie Kirchen ihre Chöre haben«, sagt Armand. Er sagt dies halb im Scherz.

In einem Hörsaal mit steilansteigenden Reihen in der Hauptstadt von Neuseeland spielt das Wellington Playback Theatre für ein Publikum von Krankenpflegeschülern, jungen Frauen und Männern am Ende ihrer ersten Ausbildungswoche. Es ist ein Uhr an einem Freitag mittag. Sechs Mitglieder der Gruppe nehmen an der Aufführung teil, während andere ihrer normalen Arbeit nachgehen. Abends kommen alle zu einem Übungsworkshop zusammen.

Die Schüler sind jung und von ihrer ersten Woche geradezu geschafft. Sie haben zuvor noch nie Playback gesehen und sind zuerst wenig aufnahmebereit. Durch die geschickten und geduldigen Fragen des Leiters und die ausdrucksvollen Reaktionen der Schauspieler wachsen Vertrauen und Engagement der Zuschauer. Sie fangen an, über die schwierigen und auch demütigenden Erlebnisse der Woche zu reden. Zuerst hätten sie sich alle gegen ansteckende Krankheiten impfen lassen müssen, sagt eine Schülerin, die sich ärgert, daß sie sich einer Spritze aussetzen mußte. Die darauffolgende Fluid Sculpture gibt ihre verletzten Gefühle wieder. Mittendrin unterbricht einer der Schauspieler und sagt übermütig: »Eines Tages mache ich das mit jemand anderem.« Die Schüler lachen dankbar.

Der Abend geht weiter, und die Themen ändern sich. Nachdem die Schüler ausreichend Gelegenheit hatten, sich zu beklagen, lenkt der Leiter seine Fragen in eine ganz andere Richtung und fordert sie auf, sich zu erinnern, was sie dazu gebracht hat, diese Ausbildung zu machen. Eine der Ausbilderinnen erzählt eine Geschichte über einen Augenblick, in dem sie, verärgert darüber, daß sie mit einer älteren Alzheimer-Patientin nicht kommunizieren konnte, deren Füße massierte. Darauf hörte die Patientin auf, unverständliches Zeug zu stammeln, blickte die Schwester an und sagte: »Das ist schön.« Ein junger Mann erinnert sich, wie bewegt er war, als er in einem Waisenhaus in Manila einem Kind begegnete, das einen furchtbar entstellten Körper hatte, aber besonders lebhaft war. Am Ende der Vorstellung empfinden die Schüler wieder den Altruismus und das Mitgefühl, die sie zu diesem Beruf geführt haben.

Das Wellington Playback Theatre ist seit 1987 aktiv. Manche Mitglieder gehörten bereits einer früheren Gruppe an, die die Direktorin Bev Hosking ins Leben rief, nachdem sie 1980 an unserem ersten Workshop in Neuseeland teilgenommen hatte, und bevor sie nach Sydney ging, um dort Improvisationstheater zu studieren. Bev wurde vor allem vom Aspekt der Gemeinschaft des Playback angezogen – der Gemeinschaft der Theatergruppe und der Rolle, die diese Arbeit in größeren Gemeinschaften spielen kann. Die Zusammensetzung dieser Gruppe und der Schwerpunkt ihrer Arbeit spiegeln dieses Interesse wider. Unter den vierzehn Mitgliedern von Mitte Zwanzig bis Anfang Vierzig sind Berufsschauspieler, bildende Künstler, ein Rechtsanwalt, ein Kunst- und Schauspiellehrer, ein Psychiater, Ärzte, Mütter und Familienberater. Sie treten in Schulen auf, vor kirchlichen Gruppen, in abgelegenen Kleinstädten, im Auftrag von Firmen und Regierungsabteilungen, aber auch vor allgemeinem Publikum im Vereinshaus des örtlichen Wanderclubs.

Das Wellington Playback Theatre ist stabil, ständig aktiv und von hohem Niveau. Seine Mitglieder erfüllen ihre Arbeit, so gut sie können, und bieten sie in so vielen Bereichen wie möglich an. Sie vergessen dabei nicht, daß ihre wichtigste Finanzquelle ihr Beruf und die Zeit für die Playback-Arbeit begrenzt ist. Wie viele andere Gruppen können sie Einladungen zu Veranstaltungen annehmen, die tagsüber stattfinden, wenn genug Mitarbeiter da sind, die Halbtagsjobs haben oder selbständig sind. Manche Mitglieder haben nie Gelegenheit, an Auftritten wie dem vor den Pflegeschülern teilzunehmen. Dies war bisher kein Grund für die Gruppe, sich zu trennen. Auftritte am Tag sind weder häufig noch lukrativ genug, um eine Aufteilung der Gruppe in Professionelle und Nichtprofessionelle zu rechtfertigen. Etwas in der Gemeinschaft zu bewirken, ist ein Ideal, das von allen gehegt wird, und die ganze Gruppe kann sich darüber freuen, es zu erfüllen, ob ein Mitglied an einer bestimmten Vorstellung teilnimmt oder nicht.

In Neuseeland ist das Playback-Theater auf großen Widerhall gestoßen. Das sehr gemischte Publikum scheint zu begreifen, wozu Playback da ist. Die jungen Krankenschwestern und -pfleger, die zumeist nicht mehr als achtzehn Jahre alt waren und gerade erst ihr Dorf verlassen hatten, waren in der Lage, der Aufforderung zu folgen, ihre Geschichten zu erzählen, nachdem sie erkannt hatten, was man von ihnen wollte. Wie bei dieser Veranstaltung werden immer Geschichten erzählt, selbst wenn dies nur langsam geht und das Erzählte nicht besonders tiefsinnig oder dramatisch ist. Privatheit ist in unserer Gesellschaft ein hoher Wert, und die Zuschauer müssen oft eine Menge Mut aufbringen, um sich auf den Erzählerstuhl zu setzen. Hilfreich ist oft das Beispiel der Darsteller. Es sind normale Menschen, die da stehen, bereit, alles zu geben, bereit, gesehen zu werden. Dazu gehört Mut, und manche Zuschauer werden davon angeregt, ihn bei sich selbst zu entdecken.

Verbindung zur umgebenden Kultur aufnehmen

Unabhängig vom jeweiligen kulturellen Klima ist das Playback-Theater eine innovative Form und verbindet Elemente, die die meisten Leute, wenn überhaupt, getrennt erfahren. Dies bedeutet, daß jede Gruppe nach dem Punkt suchen muß, an dem sich ihre Arbeit am besten mit der Kultur der sie umgebenden Gemeinschaft vereinbaren läßt. Bei der Gründung eines Repertoiretheaters, einer Gemeinschaftspraxis von Therapeuten oder eines Jugendzentrums müssen Sie sich zwar die Mühe machen, potentiellen Interessenten Ihr Projekt vorzustellen, und sich einen Namen und einen Ruf verschaffen. Doch Sie müssen das, was Sie tun, nicht von Grund auf erklären. Die Menschen sind – zumindest bis zu einem gewissen Grad – mit Ihrem Gewerbe vertraut.

Playback-Leute hingegen müssen Pioniere sein, und je weiter das kulturelle Umfeld von den Praktiken und Werten des Playback entfernt ist, desto steiler ist der Pfad, den sie gehen müssen. Zum Playback-Theater gehören: Gemeinschaftssinn; künstlerische Tradition; die Einsicht, daß Selbstverwirklichung und öffentliches Sich-Öffnen einen Wert haben; Achtung vor künstlerischer Arbeit, die nicht unbedingt materiell aufwendig oder erfolgreich sein muß. Eine neue Playback-Gruppe beginnt ihre Arbeit, indem sie sich zunächst auf eines dieser Elemente festlegt, wenn es im kulturellen Umfeld zu finden ist. Diese Verbindung, so dünn sie auch sein mag, dient als Bezugspunkt, bis die Arbeit allmählich als das verstanden wird, was sie ist. »Ja, wir sind eine Theatergruppe, aber wir führen keine Stücke auf.« – »Playback ist etwas, wobei Leute sich gegenseitig in einem geschützten Rahmen mitteilen können.« – »Jeder kann dies machen, auch Zuschauer können Schauspieler sein.« – »Es ist ein wenig, wie am Lagerfeuer zu sitzen und Geschichten zu erzählen.« An Orten, wo solche Bezugspunkte schwer zu finden sind, kann es sehr schwierig sein, eine Gruppe aufzubauen. In Japan hat es lange gedauert, bevor die Leute, die im Playback ausgebildet waren, Gruppen gründeten. Sie verwendeten Playback zunächst bei ihrer individuellen Arbeit. Eine Frau, die Telephonvermittler ausbildet, findet Playback nützlich; auch einem Mann, der in Tokio bei Disneyland hinter den Kulissen arbeitet, scheint es für seine Arbeit brauchbar.

In Neuseeland und Australien gibt es noch einen ausgeprägten Gemeinschaftssinn und funktionierende zwischenmenschliche Beziehungen, selbst in den Städten. Als sich in den 80er Jahren in diesen Ländern Playback-Gruppen bildeten, wurden sie bereitwilliger aufgenommen als unsere Gruppe in den USA. Wenn man dort in der Öffentlichkeit seine Empfindungen mitteilt, sind die Reaktionen darauf allerdings weniger einhellig als in den USA, und es besteht weniger Konsens über den therapeutischen Wert der Arbeit. In Frankreich wird die öffentliche Erkundung persönlicher Dramen eher mit Argwohn oder gar mit direkter Abneigung gesehen. Die Gruppe in Le Havre mußte nicht nur den Zuschauern versichern, sondern auch sich selbst immer wieder vergewissern, daß die Geschichten nicht unbedingt »therapeutischer« Art sein müssen und Katharsis nicht unbedingt das Ziel ist. Sie betonen weniger die heilenden Eigenschaften des Playback und heben die theatralen Elemente hervor. Vor allem in diesem Bereich können sie Verbindung zu ihrer kulturellen Umgebung aufnehmen. Diese Gruppe kam ursprünglich über die Theaterschule zusammen, die aus dem kulturellen Leben Le Havres nicht wegzudenken ist. Ja, die Existenz dieser von der Stadt finanzierten Schule selbst zeugt von einem die Kunst und den Künstler respektierenden und fördernden Klima in Frankreich.

Playback hat, ob man will oder nicht, ob man das Therapeutische mit einbezieht oder nicht, etwas Befreiendes. Die französische Gruppe bietet einfachen Arbeitern ihrer Stadt Möglichkeiten, Erfahrungen auszudrücken und einzuschätzen. Der oben beschriebene Workshop führte zu einer Beziehung zwischen den oft getrennten Kulturen von europäischen und nichteuropäischen Franzosen. In der intimen Atmosphäre der Probe gelangen allmählich tiefere, mehr emotionsgeladene Geschichten an die Oberfläche, und die Gruppe sucht nach Wegen, sie darzustellen. Wenn die Gruppe die Geschichten der Zuschauer mit immer größerer Tiefe und Kunst spielt, haben die Szenen heilende Wirkung auf den Erzähler und das gesamte Publikum, weil sie eine so hohe Anerkennung persönlicher Wahrheit bedeuten.

Auch andere Faktoren, die nichts mit der Kultur eines Landes zu tun haben, beeinflussen den Charakter einer Playback-Gruppe. Bev Hosking und viele der Direktoren und Mitglieder der Gruppen in Australien und Neuseeland wurden in dem Drama Action Centre in Sydney ausgebildet. Das Repertoire an Fertigkeiten und Traditionen des DAC hat sich mit dem des Playback vermischt (ein wechselseitiger Prozeß, da das Playback-Theater jetzt zum Curriculum des DAC gehört). Die Arbeit dieser Gruppen zeigt den Einfluß des DAC in der Körperbeherrschung und den lebendigen Spielformen, die an die Commedia dell'arte erinnern. Solche Qualitäten sind dem Stil der Neuseeländer, der Australier und der Gruppe in Le Havre gemeinsam: Heather Robb, eine der Mitbegründer des Drama Action Centre, absolvierte die Schule Lecoqs in Paris.

Die Formen, die eine Playback-Gruppe von einer anderen unterscheiden, haben genauso viel mit der Zusammensetzung der Gruppe, den Einflüssen, den gegebenen Umständen zu tun wie mit den kulturellen Unterschieden. Eine Gruppe, die aus vierzig- bis fünfzigjährigen Psychodrama-Therapeuten besteht, hat einen anderen Stil, einen anderen Ton und eine andere Zielrichtung als eine Gruppe von Schauspielstudenten und Künstlern unter dreißig, selbst wenn beide in derselben kulturellen Umgebung arbeiten. Der Hintergrund des Leiters ist besonders einflußreich – seine Interessen und Stärken bestimmen in hohem Maß, wer in die Gruppe aufgenommen und welcher Aspekt der Arbeit für die Gruppe im Mittelpunkt stehen wird.

Trotz der durch Kultur oder andere Faktoren bedingten Unterschiede sind die oben beschriebenen Gruppen und viele andere, die ich kenne, von bemerkenswerter Ähnlichkeit. Sie alle bestehen aus Leuten, die den verschiedensten Berufen nachgehen und unterschiedlich alt sind. Es gehört eine beachtliche Anzahl von Leuten dazu, die als Künstler oder in helfenden Berufen tätig sind. Jede Gruppe spielt monatlich für die Öffentlichkeit, eher in Gemeinderäumen als in Theatern. Außerdem spielen sie alle für die unterschiedlichsten Zuschauer, legen aber besonderen Wert darauf, auch solchen Leuten zugänglich zu sein, deren Leben sonst nicht durch Kunst bereichert wird. Keine der Gruppen lebt von ihrer Playback-Arbeit. Alle drei Gruppen sind jedoch äußerst professionell, was die Ausübung und das Niveau ihrer Arbeit betrifft.

Eine UNO, die funktioniert

Das Miteinander von Ähnlichkeiten und Unterschieden wird besonders deutlich, wenn Playback-Gruppen aus aller Welt zusammenkommen. 1991 veranstalteten Jonathan und ich einen Playback-Theater-Workshop. Zu den etwa 27 Teilnehmern gehörten Leute aus Japan, Belize, Deutschland, Frankreich, Großbritannien, Australien, Neuseeland und den USA. Es waren auch fünf Mitglieder der Moskauer Playback-Gruppe da, die ohne Geld und Englischkenntnisse gekommen waren. (Durch einen Film über diese Gruppe war das sowjetische Fernsehteam, von dem im letzten Kapitel die Rede war, auf Playback aufmerksam geworden.)

Als wir mit der Playback-Arbeit anfingen, war die größte Herausforderung für uns, eine Ebene zu finden, auf der wir uns offen begegnen und voneinander lernen konnten. Allein die Schwierigkeiten mit der Sprache waren beängstigend. Die Englischsprechenden mußten ständig darauf achten, langsam zu sprechen, um sich verständlich zu machen, andererseits mußten sie sorgfältig auf die Worte in fremden Akzenten und Sprachen hören. Wir mußten Geduld aufbringen, während die Dolmetscherin die Beiträge der Russen übersetzte. Einer von ihnen konnte Deutsch, ein anderer ein wenig Französisch: Wir mußten sorgfältig Aktivitäten in kleinen Gruppen planen, damit Jurij, der Deutsch konnte, mit Johann aus Deutschland zusammenkam und sie für Valentina übersetzen konnten und so weiter. Alles ging nur sehr langsam, aber es funktionierte und war faszinierend.

Bald spielten wir unbefangen gegenseitig unsere Geschichten, verwendeten Mimik oder Musik statt der Sprache oder spielten Szenen in mehreren Sprachen, was erstaunlich gut ging. Wir erfuhren durch die Geschichten, die wir darstellten, vom Leben und den Kulturen der anderen. Die nationale Identität blieb erhalten, aber das Gefühl einer Barriere verschwand. Was uns alle verband, waren die Geschichten, denen universale Bedeutung zugrunde liegt.

Jedesmal wenn wir in unserem großen Kreis saßen und jedem die Chance gaben, über eigene Erlebnisse zu sprechen, war ich bewegt von dem Zusammenwirken unserer Unterschiedlichkeit und dem tiefen Einfühlungsvermögen in den jeweils anderen. Die Vielfalt der Stimmen und Akzente, wobei manche um richtiges Englisch kämpften, andere das klangvolle Russisch sprachen, das mir inzwischen schon vertraut schien, die Gesichter, die Aufnahmebereitschaft und Menschlichkeit spiegelten, die Bereitschaft, sich selbst in anderen wiederzuerkennen – unsere Versammlung kam mir vor wie eine kleine UNO, mit dem großen Unterschied, daß diese hier funktionierte. Hier hörten die Leute einander aufrichtig zu und lernten voneinander. Sie wußten ohne jeden Zweifel von der Kraft ihrer gemeinsamen Kreativität.

Eine letzte Geschichte:

Mitten im Schreiben dieses letzten Kapitels fahre ich für zwei Tage weg, um einen Workshop zu leiten. Es liegt noch dicker Schnee, aber in der Luft ist bereits ein Hauch von Frühling zu spüren.

Die letzte Geschichte dieses Wochenendes erzählt ein Mann, der zu Besuch ist und aus Brasilien kommt, ein Psychiater, der unter anderem mit einer Theatergruppe arbeitet, die aus Straßenkindern und psychiatrischen Langzeitpatienten einer großen Stadt besteht. Playback ist neu für ihn, aber er ist bereit, solche Ideen in seine Theaterarbeit einzubeziehen. Seine Geschichte handelt von der harten Prüfung, der Brasilien durch Korruption, Eitelkeit und Gier in den höchsten Rängen der Macht ausgesetzt ist, sowie von dem Zorn und der Abscheu, die er als Zeuge dieser Vorgänge empfand. Er sagt, auch er sei nicht frei von Eitelkeit, wie wir alle. Doch seine Arbeit habe mit Schenken, nicht mit Nehmen zu tun, mit dem Weitergeben von Kraft und nicht mit Ausbeuten, mit dem Streben nach Verbindung und nicht nach Isolation.

Während der Darstellung stehen zwei Gruppen von Schauspielern abwechselnd im Mittelpunkt: Paulo mit seiner Theatergruppe vergessener Menschen, die in der gemeinsamen Arbeit ihre Fähigkeiten entdecken, und der egoistische Präsident und seine Frau, die beide gleichermaßen gierig und dumm sind. Als die Workshop-Teilnehmer die Szene spielen, entsteht durch ihren Sinn für Geschichten eine unerwartete dramatische Entwicklung. In ihrer Darstellung sind die Leute von Paulos Theater dieselben, die der Präsident und seine Frau zu ihrem eigenen Nutzen ausbeuten. Ihre gemeinsame Arbeit gibt ihnen Kraft, und am Ende siegen sie über die korrupten Gestalten.

Das Zuschauen ist zutiefst befriedigend – nicht nur als Ausführung künstlerischer Phantasievorstellung. Alle, die an diesem Workshop teilnehmen, stehen mit ihrer Arbeit auf die eine oder andere Weise im Dienst des Menschen und sind ebenso wie Paulo den Notleidenden verpflichtet. Die oft schwer faßbare Überzeugung, daß wir helfen *können*, liegt unserer Arbeit zugrunde, die Überzeugung, den Notleidenden zuzuhören und sich ihnen zuzuwenden sei vielleicht der einzige Weg, die leidende Menschheit zu heilen. Obwohl der Sturz des brasilianischen Präsidenten in der Wirklichkeit durch wesentlich komplexere Ereignisse herbeigeführt wurde als durch einen Aufstand von Obdachlosen und psychisch Kranken, ist das, was in der Playback-Szene dargestellt wurde, größer – es ist der Sieg menschlicher Zusammengehörigkeit und schöpferischer Kraft.

Dann folgt die Geschichte dieser Geschichte – die noch weiterreichende Geschichte dieses Augenblicks, die damit zu tun hat, daß wir uns hier gemeinsam in einem ruhigen Raum auf dem Land im Staat New York befinden und Paulos sorgfältigem, präzisem Englisch zuhören, wenn er aus seinem weit entfernten Leben erzählt, in das er bald zurückkehren wird und das ganz anders ist und unserem doch so ähnlich. Seine Geschichte spiegelt den Sinn wider, warum wir uns hier versammelt haben, sein Thema ist das Thema des Playback-Theaters.

GLOSSAR

ANERKENNUNG: Der Augenblick, in dem die Handlung zu Ende geführt wurde und die Darsteller sich dem Erzähler zuwenden.

ANGEBOT: Grundlage für die Improvisation. Um die Geschichte in Szene zu setzen, macht ein Schauspieler ein Angebot, in dem er etwas tut oder sagt, auf das die anderen reagieren können, indem sie es entweder akzeptieren oder ablehnen (blocken), (siehe Kapitel 4)

AUFFÜHRUNG: Playback mit einer Gruppe ausgebildeter Schauspieler und einem Publikum. (Im Gegensatz zu einem »Workshop«.)

BETEILIGUNG DER ZUSCHAUER: Aufforderung an die Zuschauer, bei einer Aufführung in einer Szene mitzuspielen, (siehe Seite 57)

CHORUS: Die Schauspieler stehen dicht beisammen und bringen chorale Töne und Bewegungen hervor. Kann zudem als Element in einer Szene verwendet werden (auch als Stimmungsskulptur bekannt) oder um eine ganze Geschichte zu erzählen, (siehe Seite 54)

DARSTELLER DES ERZÄHLERS: der Schauspieler, der ausgewählt wird, um den Erzähler zu spielen, (siehe Kapitel 4)

ERZÄHLER: (engl. *Teller*) jemand der eine Geschichte erzählt

FLUID SCULPTURE: eine kurze Erwiderung auf einen Kommentar von Zuschauern in Klane und Bewegung. Die Schauspieler errichten eine Fluid Sculpture, indem sie nacheinander Ton und Geste »Sound and Movement« dem, was sie sehen, hinzufügen, (siehe Seite 44 und Bildteil)

INTERVIEW: erstes Stadium einer Aufführung, bei dem der Erzähler mit Hilfe des Leiters seine Geschichte erzählt, (siehe Kapitel 5 und 6)

KORREKTUR: erneutes Spielen eines Teils einer Szene, wenn die Reaktion des Erzählers zeigt, daß die Darstellung einen wichtigen Aspekt seiner Geschichte verfehlt hat, (siehe auch »Transformation«; Seite 51)

LEITER (engl. *Conductor*): - Conferencier oder Regisseur, der sich auf der Bühne aufhält, (siehe Kapitel 5)

PAIRS: Die Darsteller stehen zu zweit zusammen und bringen das Erlebnis eines Zuschauers zum Ausdruck, der zwischen zwei einander widersprechenden Gefühlen hin- und hergerissen ist, (siehe Kapitel 4)

PRÄSENZ: die Fähigkeiten der Darsteller zu Aufmerksamkeit und Konzentration, wenn sie auf der Bühne nichts anderes sind als sie selbst,

PSYCHODRAMA: eine Therapieform, die unter anderem auf spontan dargestellten persönlichen Geschichten basiert. Im Psychodrama ist der Erzähler der Protagonist und spielt in seinem/ihrem Drama, das vom Therapeuten/Regisseur geleitet wird, (siehe Seite 163 ff.)

REQUISITEN: Stoffstücke und Kisten aus Holz oder Plastik, die als Kostüme bzw. für eine Bühneneinrichtung genutzt werden, (siehe Seite 82)

SZENE: (meistens »Geschichte« genannt): die Darstellung einer Geschichte, die ein Zuschauer erzählt hat, (siehe Seite 46–52 und Bildteil)

TABLEAU: (auch dt. Dia-Show) eine Geschichte, die in einer Reihe von Untertiteln wiedererzählt wird, wobei die Schauspieler jeden Untertitel sofort in ein Tableau übersetzen, (siehe Seite 56 und Bildteil)

TRANSFORMATION: eine Szene, die den Wunschvorstellungen des Erzählers vom Ausgang seiner Geschichte entspricht, nachdem sie zunächst so gespielt worden ist, wie sie sich wirklich ereignete, (siehe Seite 51)

VORBEREITUNG: das Stadium nach dem Interview, wenn die Schauspieler sich und die Bühne schweigend auf die Darstellung vorbereiten, während der Musiker eine stimmungserzeugende Musik spielt,

WORKSHOP: Playback in einer Gruppe, bei der – im Gegensatz zur »Aufführung« – Geschichten von Gruppenteilnehmern und nicht von ausgebildeten Schauspielern dargestellt werden.

QUELLEN UND WEITERFÜHRENDE LITERATUR

Über das Playback-Theater:

Auque-Dauber, C.: PLAYBACKTHEATER – EIN BEITRAG ZUR PERSÖNLICHKEITSBILDUNG KÜNFTIGER LEHRER, in: Heinrich Dauber, Dietfrid Krause-Vilmar (Hrsg.), SCHULPRAKTIKUM VORBEREITEN. PÄDAGOGISCHER PERSPEKTIVEN FÜR DIE PRAXIS. Bad Heilbrunn, 2005, S. 141–147

Dauber, H., (Hrsg): WO GESCHICHTEN SICH BEGEGNEN – GATHERING VOICES, KASSELER BEITRÄGE ZUR ERZIEHUNGSWISSENSCHAFT Bd. 3 Kassel, 2008

Dauber, H./Fox, J. (Hrsg.): PLAYBACK-THEATER – WO GESCHICHTEN SICH BEGEGNEN. INTERNATIONALE BEITRÄGE ZU THEORIE UND PRAXIS DES PLAYBACK THEATERS, Bad Heilbrunn, 1999

Feldhendler, D., PLAYBACK-THEATER, in: THEATERARBEIT IN SOZIALEN FELDERN. 125, 2004, S. 147–152

Feldhendler, D., THÉÂTRE EN MIROIRS, L'HISTOIRE DE VIE MISE EN SCÈNE, Paris, 2005

Feldhendler, D./Mager, I.: PLAYBACK-THEATER: BÜHNE FREI FÜR BEGEGNUNG, in: ZEITSCHRIFT FÜR PSYCHODRAMA UND SOZIOMETRIE, 2/2006: THEMENHEFT PSYCHODRAMA UND GESELLSCHAFT, S. 275–287

Fox, J., PLAYBACK THEATRE. THE COMMUNITY SEES ITSELF, in: DRAMA IN THERAPY, Vol. II, New York, 1982

Ders., DIE INSZENIERTE PERSÖNLICHE GESCHICHTE IM PLAYBACK-THEATER, in: PSYCHODRAMA, ZEITSCHRIFT FÜR THEORIE UND PRAXIS Bd. I, 1991, S. 31–44

Ders., TRENDS IN PT FOR EDUCATION, in: INTERPLAY Bd. III, 3, 1992

Ders., DEFINING THEATRE FOR THE NONSCRIPTED DOMAIN, in: THE ARTS IN: PSYCHOTHERAPY, 19, 1992, S. 201–207

Ders., PLAYBACK THEATER, RENAISSANCE EINER ALTEN TRADITION, Köln, 1996

Good, M., THE PLAYBACK CONDUCTOR: OR, HOW MANY ARROWS WILL I NEED, unveröffentlichtes Manuskript, 1986

Rowe, N., Playing The Other: DRAMATIZING PERSONAL NARRATIVES IN PLAYBACK THEATRE, Philadelphia and London, 2007

Salas, J. / Hudson River Playback Theatre, PERFORMING PLAYBACK THEATRE: A TRAINING DVD, New Paltz, 2006

Witte, K., SAWU BONA = ICH SEHE DICH. DAS PLAYBACK-THEATER – EIN UNTERSTÜTZENDES VERFAHREN FÜR BERATUNGSPROZESSE, in: ZEITSCHRIFT FÜR ORGANISATIONSBERATUNG, SUPERVISION UND COACHING, 2/05, Jg.12/2005, S.145–158

INTERPLAY, Newsletters des IPTN, gegründet 1990, erscheint dreimal jährlich.

Meyer, I., PLAYBACK-THEATER: THEATER AUS DEM BAUCH, in: PÄDEXTRA, 11–13, 199

Salas, J., CULTURE AND COMMUNITY: PLAYBACK THEATRE, in: THE DRAMA REVIEW, 27, 2, 1983, S. 15–25

Dies., PLAYBACK THEATRE: CHILDREN FIND THEIR STORIES, IN: HANDBOOK FOR TREATMENT OF ATTACHMENT – TRAUMA PROBLEMS IN CHILDREN, New York, 1994

Thorau, H., PLAY IT AGAIN, JONATHAN!, in: DIE ZEIT, 1. Dezember 1995

Dies., DO MY STORY, SING MY SONG. MUSIC THERAPY AND PLAYBACK THEATRE WITH TROUBLED CHILDREN, New York, 2007

Dies., HALF OF MY HEART/LA MITAD DE MI CORAZÓN: TRUE STORIES TOLD BY IMMIGRANTS, New York, 2007

Dies., IMMIGRANT STORIES IN THE HUDSON VALLEY, in: Solinger, Fox und Irani (Hrsg.), TELLING STORIES TO CHANCE THE WORLD, New York, 2008, S. 109–118

Über Theater und Theater-Spiele:

Boal, A., THEATER DER UNTERDRÜCKTEN, Frankfurt/M., 1989

Ders., GAMES FOR ACTORS AND NON-ACTORS, New York, 1992

Brook, P., DER LEERE RAUM, Berlin 1983

Ders., LEANING ON THE MOMENT, in: PARABOLA, 4, 3, 1979, S.46–59

Ders., OR SO THE STORY GOES, in: PARABOLA II, 1979, S. 2

Cohen-Cruz, J. und Schutzman, M. (Hrsg.), PLAYING BOAL: THEATRE, THERAPY, ACTIVISM, New York und London, 1994

Johnstone, K., IMPROVISATION UND THEATER, Berlin 1993

Ders., DON'T BE PREPARED: THEATRESPORTS FOR TEACHERS, Bd. I, Calgary, Alberta, 1994 (THEATERSPIELE, Berlin 1998)

Pasolli, R., A BOOK ON THE OPEN THEATRE, New York, 1970

Polsky, M.E., BECOMING CREATIVE, EXPRESSIVE AND SPONTANEOUS THROUGH DRAMA, Lanham, 1989

Schechner, R., BETWEEN THEATRE AND ANTHROPOLOGY, PHILADELPHIA, 1985

Spolin, V., IMPROVISATIONSTECHNIKEN, Paderborn, 1983

Way, B., DEVELOPMENT THROUGH DRAMA, London, 1967

Über Psychodrama und Drama-Therapie:

Fox, J., THE ESSENTIAL MORENO: WRITINGS ON PSYCHODRAMA, GROUP METHOD AND SPONTANEITY, New York, 1987

Kellerman, P. F., FOCUS ON PSYCHODRAMA, London, 1992

Landy, R., DRAMA THERAPY: CONCEPTS AND PRACTICES, Springfield, 1986

Moreno, J. L., PSYCHODRAMA, Bd. I, Beacon, 1977

Courtney R. und Schattner, G. (Hrsg.), DRAMA IN THERAPY, New York, 1981

Williams, A., THE PASSIONATE TECHNIQUE, London und New York, 1989

Über andere Themen:

Gardner, H., FRAMES OF MIND, New York, 1983

Imber-Black, Roberts and Whiting, RITUALS IN FAMILIES AND FAMILY THERAPY, New York, 1988, S. 11

Keeney, B.P., AESTHETICS OF CHANGE, New York, 1983

Sacks, O., DER MANN, DER SEINE FRAU MIT EINEM HUT VER-WECHSELTE, Reinbek, 1990

Salas, J., AESTHETICS EXPERIENCE IN MUSIC THERAPY, in: MUSIC THERAPY, 9, 1, 1990, S. 1–15

Weitere Ressourcen

Eine regelmäßig aktualisierte Liste von PT-Lesematerial und Informationen finden Sie unter:

www.playbackcentre.org und www.playbacknetz.de

INDEX

KONTAKTADRESSEN

Das International Playback Theatre Network (www.playback-net.org) ist im Staat New York als nichtkommerzielle Körperschaft unter dem Namen Playback Theatre, Inc. registriert. Einzelne und Gruppen, die Mitglieder des IPTN sind, können sowohl Namen als auch Logo benutzen, wenn sie dies wünschen.

Mitglieder des IPTN gibt es in 33 Ländern.
Informationen über Playback-Theater-Trainingsmöglichkeiten finden Sie unter:

www.playbackschule.com
www.playbackcentre.org

ÜBER DIE AUTORIN

Jo Salas war 1975 an der Gründung und Entwicklung des Playback-Theaters durch ihren Mann, Jonathan Fox, beteiligt. Nach jahrelanger Mitarbeit in der ersten Playback-Gruppe leitet sie jetzt eine andere Truppe, das Hudson River Playback Theatre, und gibt weltweit Playback-Theater-Kurse.

Sie wurde in Neuseeland geboren und lebt mit ihrem Mann in New Paltz (New York).

THEATERLITERATUR

Keith Johnstone
Improvisation und Theater
Mit einem Nachwort von George Tabori

Theaterspiele – Spontaneität, Improvisation und Theatersport

Nikolai Gortschakow
Die Wachtangow-Methode –
Die Wiederentdeckung der Improvisation für das Theater
Mit einem Vorwort von Keith Johnstone

Michael Shurtleff
Erfolgreich Vorsprechen
*Mit einem Vorwort von Keith Johnstone
und einem Nachwort von Bob Fosse*

Peter Brook
Der leere Raum

Zwischen zwei Schweigen

Theater als Reise zum Menschen

Wanderjahre
Schriften zu Theater, Film und Oper 1946 – 1987

Declan Donnellan
Der Schauspieler und das Ziel
Ängste und Blockaden überwinden

www.alexander-verlag.com